日本語の発想でマスターする
英文ライティング

英作文なんかこわくない Ⅳ
パラグラフ編

猪野真理枝　佐野 洋 [著]
馬場 彰 [監修]

東京外国語大学出版会
Tokyo University of Foreign Studies Press

本書のねらいと対象読者

　国境を越えた情報通信技術の広がりにより、行きかう文書は様々な国の人がコンピュータで検索をし、目を通す時代になりました。さらには、文書は人工知能が多言語に翻訳することもあります。このような潮流の中、作成される文書は、人間および機械による正確な情報処理が容易であることが、かつてなく必要とされています。このニーズに応えるには、文書が一定のパラグラフ形式に従って作成されることが求められます。

　本書の目標は、読者が現代社会に相応しい、実用的な英文を書けるようになることです。そのため、本書では、どの分野においても用いられる、報告書・分析書・提案書などに絞り、それらのうち、パラグラフ形式をもつ文書を扱います。したがって、主な対象読者は、これらの文書を扱う機会のある社会人、いずれ扱うであろう高校生、大学生などです。

　本書の特徴は、英語のパラグラフを書くときに必要な能力を、5段階のステップを踏んで身に付けていくところです。パラグラフを書くには、単に形式に従って組み立てる力だけでなく、論理的に表現する力、正確に表現する力、日本語に特徴的な表現を英語にする力など、実に多彩な力が必要です。これらをすべていっしょくたにして学んでしまうと、焦点がぼやけて、学習が効率的に進みません。日本語と英語は異なりの大きい言語です。英語的なパラグラフ構成にならって結論を先に述べることに慣れるだけでも負担なのに、それに加えて、英語の好む論理的な根拠づけも学び、さらには日本語に特徴的な構造を英訳する方法も学ばなければならないのです。どの項目をとっても、それぞれに焦点をあてて学ばなければ、習得が難しいものばかりです。そこで、本書では、日本語の母語話者が無理なく学びやすいように、英作文の力を「1. 英語のパ

1

ラグラフ形式で文章を組み立てる力」、「2.思考を論理的に表現する力」、「3.正確に書く力」、「4.日本語に特徴的な表現を英語で表現する力」そして「5.英語らしい伝え方で書く力」の5段階に分けて学習する構成にしました。それぞれの段階で、必要に応じて日本語と英語の特徴を比較しながら学ぶことができるので、いきなり英語的なパラグラフの書き方を学ぶより、取り組みやすいものとなっています。

　私たちは、たとえ1文レベルであっても、常に母語である日本語によって思考しています。1文単位でも、日本語を英語的な表現にするのは容易ではないことは、本シリーズの『Ⅰ』から『Ⅲ』で学んできました。そこへ複数の文をつなげて、パラグラフを書くという作業を加えれば、2重に母語の影響を受けて、英語らしい作文はより困難になります。そのため、日本語と英語の違いを比較しながら学ぶことは、単文単位での英作文を学ぶとき以上に必要となるのです。

　読者の皆さんにとって、本書が日本語への気づきを促し、効率的に英作文の力を養う助けとなることを心から願っています。

本書の構成

　本書は、5つのステップを踏むことで、パラグラフを書くために必要な力を無理なく習得できるように工夫されています。学習の概要は、次のようになっています。

第1ステップ：文章を組み立てる
英語のパラグラフ形式に沿って文を組み立てる方法を学びます。また、組み立てた構成が読み手に分かりやすいようにする「接続表現」、そして複数のパラグラフからなる「文章」の構成を分かりやすくする「道しるべ」の使い方も概観します。

第2ステップ：パラグラフを論理的に表現する
英語のパラグラフ形式に沿っただけでは、英語の好む、論理的な展開はできません。そこで、書き手が主張を論理的に支持するには、どう書けばよいかを学びます。また、それをパラグラフ形式で表現する学習も行います。

第3ステップ：文章を推敲する
英語であれ、日本語であれ、文は誤解のないように書かなければ、正しく情報が伝わりません。まずは語句レベル、そしてパラグラフの伝達構造レベルで推敲する方法を学びます。

第 4 ステップ：日本語に特徴的な構造を英語の構造にする
日本語には、英語にはない「主題をもつ文」があります。これを英語にするには、「主語をもつ文」にしなければなりません。その際、パラグラフ単位で見ると、伝達構造が崩れる場合があるので、それを修正する工夫のしかたを学びます。

第 5 ステップ：英語的なパラグラフにする
パラグラフを書く際、日本語が好む情報の伝え方と、英語が好む情報の伝え方は、同じではありません。両者の違いを知ることで、日本語的な伝え方をどう変えれば英語的な伝え方にできるのかを学びます。

　各ステップの扉ページでは、ここで示した5つのステップのどこを学習しているかが分かりやすいように、次のような図でナビゲートしています。

第1ステップ	第2ステップ	第3ステップ	第4ステップ	第5ステップ
文章を組み立てる	パラグラフを論理的に表現する	文章を推敲する	特徴的な日本語を英語にする	英語的なパラグラフにする

GOAL	GOAL	GOAL	GOAL	GOAL
パラグラフ形式で書ける	論理的な根拠づけができる	正確に書くことができる	日本語の伝達構造を英語の伝達構造にできる	英語らしい伝え方をできる

本文中で用いる用語の定義

用語	適用範囲	定義
文章	日英語共通に用いる	複数のパラグラフから成るもの。英語の文章は起パラグラフ・承パラグラフ・結パラグラフの3部からなる。短い文章には、1つのパラグラフのみから成る文章もある。 日本語の文章には、起パラグラフ・承パラグラフ・転パラグラフ・結パラグラフの4部からなるものがある。
パラグラフ	英語の用語だが、本書は日本語にも用いる	複数の文から成る意味のまとまり。英語のパラグラフは、起・承・結から成る。 日本語でパラグラフに類するのは「段」だが、本書では、「複数の文から成る意味のまとまり」をもつ日本語をパラグラフと呼ぶ。
テーマ	同上	述べようとする題材。または、文章全体で述べようとする題材。
トピック（小題）	同上	文章全体の題材をテーマと呼ぶのに対して、各パラグラフの題材をトピック（小題）と呼ぶ。
段落	日本語に用いる	長い文章中の大きな切れ目。段。
意味段落		長い文章を意味のまとまりによって分けた一区切り。英語のパラグラフと似ている。
形式段落		形式的に文頭を一字下げて書き始める一区切り。英語のパラグラフとは異なる。
文	日英語共通に用いる	主語と述語から成る。
節	日英語共通に用いる	主語と述語を含み、文の一部を形成するもの。

本書の文章構成の示しかた

　本書では、下記のように文章の構成を明確にするため、ほとんどの例文に、パラグラフや文章の構成を示す「【起】」や「**主旨文：**」などを併記しています。

【起】

導入文　：Do you understand how paragraphs are structured?

主旨文　：A paragraph is a collection of sentences that are organized into a coherent whole which explains one main idea.

【承】

支持文 1：This means a paragraph has to support a single controlling idea.

支持文 2：Given this, it is generally ideal to start a new paragraph when addressing a new idea.

【結】

結論文　：Providing a clear paragraph structure will make it easier for readers to understand what you are trying to convey, and thus enhance the persuasiveness of your document.

＊本書では、思考を英語のパラグラフ形式にまとめることを主眼としていますので、これ以外の英文表記ルール、例えばハイフンの使い方や、外国語の引用の仕方などは扱いません。

7

◎ **本書のキャラクターについて**

　本書にときどき登場するリスは、東京外国語大学（最寄りは西武多摩川線多磨駅）の隣の、武蔵野の森に住んでいます。このリスは外語大がここにできてから、語学に興味をもつようになり、時折、教室に姿を見せるようになりました。とくに、めがねの先生が教えていた英語の授業が好きになり、幾度も通いました。やがてそのリスは、どの学生よりも早く英語が上達したので、先生やクラスメートから「語学の卓（すぐる）」と呼ばれるようになりました。

　卓は、外語大の隣の森に住んでいる地の利を活かして、英語だけでなく、たちまちそのほかのたくさんの言葉も覚え、なんと28もの言葉ができるようになりました。すると、学生たちからは「多磨照語学神卓（たまてらすごがくのかみすぐる）」と呼ばれて崇められるようになり、みずから語学を教えるまでになりました。

　そこで本書では、読者の皆さんに英語を教えようと、森から出てきて、その神通力をいかんなく発揮しています。リスの卓は恥ずかしがり屋なので、人前ではよく照れた表情をします。

本文イラスト：たむらかずみ　本文デザイン：小塚久美子

目　次

本書のねらいと対象読者 ……………………………………… 1

本書の構成　………………………………………………… 3

Step 1　文章を組み立てる ……………………………… 14

Section 1　パラグラフを構成する……………………… 16
Unit 1　起・承・結で構成する……………………… 16
Unit 2　アウトラインに沿ってパラグラフを作る …………… 20

Section 2　話の道筋を明確にする……………………… 26
Unit 1　つなぎ表現を知る　………………………… 26
Unit 1-1　等位接続詞　……………………………… 29
Unit 1-2　従位接続詞　……………………………… 31
Unit 1-3　接続副詞　………………………………… 34
Unit 2　様々なつなぎ表現を知る………………………… 40
Unit 2-1　因果関係を表す　………………………… 40
Unit 2-2　逆接／譲歩を表す　……………………… 46
Unit 2-3　例示／付加を表す　……………………… 52
Unit 2-4　比較・対照を表す　……………………… 55
Unit 2-5　条件を表す　……………………………… 60
Unit 2-6　要約・換言を表す　……………………… 66
Unit 3　つなぎ表現でパラグラフの構造を明確にする ……… 70

Section 3　道しるべで文章の構造を明確にする ……………… 76
Unit 1　道しるべの使い方　………………………… 76
Unit 2　いろいろな道しるべ　……………………… 82

Step 2　パラグラフを論理的にする　……………………… 86

Section 1　パラグラフの種類　……………………………… 88
Unit 1　文書の種類と根拠づけの方法……………………… 88
Unit 2　「記録・報告形式」は、伝わりやすく整理する……… 91

Section 2　論理的なパラグラフとは………………………… 96
Unit 1　「事実を述べるパラグラフ」と
　　　　　「主張を伝えるパラグラフ」の違い……………… 96
Unit 2　英語的な「論理」とは……………………………… 99
Unit 3　主観と客観を区別する…………………………… 101
Unit 3-1　主張（主観）を識別する……………………… 101
Unit 3-2　根拠（客観）を識別する……………………… 107
Unit 4　「分析形式」は、主張の正しさを裏付ける………… 118

Section 3　真偽判断ができない主張とは………………… 126
Unit 1　価値主張をする文を識別する…………………… 126
Unit 2　価値主張の根拠となる文を識別する ………… 131
Unit 3　「説得・論説形式」は、価値判断を裏付ける ……… 136

Section 4　信ぴょう性の高い根拠づけとは……………… 142
Unit 1　演繹的な根拠づけ　……………………………… 142
Unit 2　帰納的な根拠づけ　……………………………… 149
Unit 3　「提案形式」は、予測の正しさを裏付ける………… 154

Step 3　文章を推敲する ………………………………… 162

Section 1　文を正確に表現する…………………………… 164
Unit 1　日本語を正確に表現する………………………… 164
Unit 1-1　抽象的な名詞を具体的に定義する …………… 166

Unit **1-2**	形容詞や副詞に具体性をもたせる …………………… 170
Unit **1-3**	陳述内容の確からしさを明確にする ………………… 173
Unit **1-4**	修飾語句の係り先を明確にする ……………………… 176
Unit 2	英語を正確に表現する…………………………………… 181
Unit **2-1**	抽象的な名詞を具体的に定義する …………………… 181
Unit **2-2**	形容詞や副詞に具体性をもたせる …………………… 185
Unit **2-3**	陳述内容の確からしさを明確にする ………………… 189
Unit **2-4**	修飾語句の係り先を明確にする ……………………… 193
Section 2	パラグラフの伝達構造を適切にする ………………… 200
Unit 1	日本語パラグラフの伝達構造を適切にする ………… 200
Unit **1-1**	先行する語句と同じ名詞や代名詞を用いる ………… 203
Unit **1-2**	先行する文の一部、または全部を用いる …………… 207
Unit **1-3**	先行する文の概要を用いる…………………………… 210
Unit **1-4**	類語・パラフレーズを用いる………………………… 212
Unit **1-5**	包摂関係にある語を用いる…………………………… 215
Unit **1-6**	同じ意味的場に属する語を用いる …………………… 217
Unit **1-7**	ゼロ参照を用いる　………………………………… 219
Unit 2	英語パラグラフの伝達構造を適切にする …………… 223
Unit **2-1**	先行する語句と同じ名詞や代名詞を用いる ………… 224
Unit **2-2**	先行する文の一部、または全部を用いる …………… 229
Unit **2-3**	先行する文の概要を用いる…………………………… 233
Unit **2-4**	類語・パラフレーズを用いる………………………… 236
Unit **2-5**	包摂関係にある語を用いる…………………………… 240
Unit **2-6**	同じ意味的場に属する語を用いる …………………… 243

| Step 4 | 日本語に特徴的な伝達構造を英語の伝達構造に修正する | 250 |

Section 1	伝達構造を修正するテクニック	252
Unit 1	文頭に旧情報を立てる	252
Section 2	「主語をもつ日本語のパラグラフ」を
	「主語をもつ英語のパラグラフ」にする	260
Unit 1	一貫した主題をもつパラグラフ	260
Unit 2	先行する文の一部や全部を主題にもつパラグラフ	268
Unit 3	先行する文の概要を主題にもつパラグラフ	273

| Step 5 | 英語的なパラグラフにする | 282 |

Section 1	「英語らしさ」の構造を知る	284
Unit 1	日本語と英語のパラグラフの違い	284
Unit 2	情報の並び順を変える	285
Unit 3	How の並列を Why の連鎖にする	291
Unit 4	状態表現の連鎖を動作表現の連鎖にする	296
Unit 5	思考のプロセスを明示する	301

| あとがき | | 310 |

Step 1

文章を組み立てる

このステップでは、英語のパラグラフ形式に沿って文を組み立てる方法を学びます。また、組み立てた構成が読み手に分かりやすいようにする「つなぎ表現」、そして複数のパラグラフからなる「文章」の構成を分かりやすくする「道しるべ」の使い方も概観します。

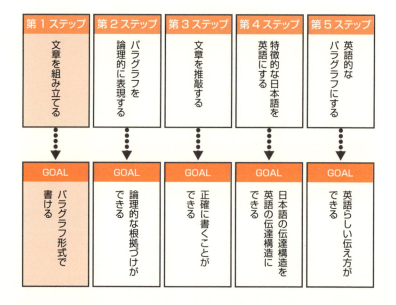

第1ステップ 目次

Step 1 文章を組み立てる

Section 1　パラグラフを構成する
Unit 1　起・承・結で構成する
Unit 2　アウトラインに沿ってパラグラフを作る

Section 2　話の道筋を明確にする
Unit 1　つなぎ表現を知る
Unit 1-1　等位接続詞
Unit 1-2　従位接続詞
Unit 1-3　接続副詞
Unit 2　様々なつなぎ表現を知る
Unit 2-1　因果関係を表す
Unit 2-2　逆接／譲歩を表す
Unit 2-3　例示／付加を表す
Unit 2-4　比較・対照を表す
Unit 2-5　条件を表す
Unit 2-6　要約・換言を表す
Unit 3　つなぎ表現でパラグラフの構造を明確にする

Section 3　道しるべで文章の構造を明確にする
Unit 1　道しるべの使い方
Unit 2　いろいろな道しるべ

Section 1

パラグラフを構成する

　英語のパラグラフ形式は、日本語のパラグラフの形式とは異なります。日本語的な形式のまま英語に訳したのでは、書き手の意図が伝わりにくいものになってしまいます。そこで、まず Section 1 では、英語のパラグラフ形式で文を組み立てる方法を学びます。

Unit 1　起・承・結で構成する

　日本語には、英語のパラグラフと似たものとして、「段落」があります。しかし、段落には、書き手が意味的に強調させたい部分などで字下げをする形式段落と、意味的に区切りたい部分で字下げをする意味段落の2種類があります。英語では、意味的な区切りでしか字下げをしませんので、注意が必要です。また、パラグラフの構成も、日本語には「起承転結」があることが知られていますが、英語では「起承結」の3段構成が一般的です。さらに、日本語は「結」の部分で書き手の述べたいことを書きますが、英語では「起」の部分でまず述べたいことの概要を書くのが一般的です。日本語に慣れた読者にとっては、まずはこの違いに慣れる必要があります。

　では、英語型の起・承・結の構成がどのようなものか、確認してみましょう。次の表は、1つのパラグラフで完結する文章を書く場合の構成を示しています。

16　● Step1 文章を組み立てる

一つのパラグラフから成る英語の文章構成	起 Introduction	導入文・背景文 Lead	述べようとすることの導入や背景となる文。短いパラグラフにはない場合も多い。
		主旨文 Topic Sentence	パラグラフ全体が何を述べようとするのかを示した文。
	承 Body	支持文 Supporting Sentence	主旨を具体的に説明する文、または主旨の根拠となる文。
	必要に応じて、「承」の支持文を複数作る。		
	結 Conclusion	結論文 Concluding Sentence 時には文章の終わりを飾るための結辞 (envoi) が添えられる場合もある。	パラグラフの主旨の言い換え、繰り返し (restatement)。または、起・承パラグラフの内容から当然に帰結する最終的な結論 (final statement)。3〜4文程度の短いパラグラフの場合は、略される場合もある。

Step 1

Step 2

Step 3

Step 4

Step 5

　英語は、「起」で述べたいことの概要を書くので、全体をわざわざ読まなくても、書き手の意図がすぐに分かるというメリットがあります。興味がなければ先を読まず、興味があれば読み進めるという選択が容易なのです。補足ですが、複数のパラグラフを含む文章を書く場合には、パラグラフの変わり目にインデントか改行が入ります。これにも、読み手がわざわざどこが意味の変わり目なのかを読み込まずとも分かるというメリットがあります。

　では、英語型の起・承・結の構成をもつパラグラフ例を見てみましょう。ここでは、英語という言語に惑わされず、構成のみに集中して観察できるように、日本語を英語のパラグラフ形式で書いた例を用います。

Section 1　パラグラフを構成する　　**17**

【起】
導入文　：パラグラフがどのように構成されるか知っていますか。
主旨文　：パラグラフとは、複数の文が１つの柱となる考えについて述べ、全体でひとまとまりの意味をもつものです。
【承】
支持文１：したがって、１つのパラグラフには、主旨は１つしか含んではいけません。
支持文２：そのため、一般に、新たに別の考えを述べるときには、新たにパラグラフを書き起こすことが望ましいといえます。
【結】
結論文　：明確なパラグラフ構成があれば、読み手は書き手が言わんとすることを容易に理解できますから、ゆえに、文章の説得力は高まるのです。
結　辞　：説得力は、むろん、ビジネス文書において、とりわけ必要な要素です。

　起の部分で書き手の**主旨**を簡潔に示して、**承**で主旨の詳細を述べ、**結**では起・承の内容から当然に帰結する内容を述べています。**結辞**は、結論の内容を踏襲しながらも、文章の締めくくりとして、読み手の気持ちに語りかける飾りのようなもので、なくても全く文意に影響はありません。

例題

　次の英文は、本文中の日本語のパラグラフを英文にしたものを、ランダムに並べ替えたものです。内容を読んで、それぞれの文を下記の表内の適切な場所に入れましょう。

- Given this, it is generally ideal to start a new paragraph when addressing a new idea.
- Providing a clear paragraph structure will make it easier for readers to understand what you are trying to convey, and thus enhance the persuasiveness of your document.
- A paragraph is a collection of sentences that are organized into a coherent whole which explains one main idea*.

【起】

導入文 ： Do you understand how paragraphs are structured?

主旨文 ： _____

_____ .

【承】

支持文１： This means a paragraph has to support a single controlling idea*.

支持文２： _____

_____ .

【結】

結論文 ： _____

_____ .

結　辞 ： Persuasiveness is of course a particularly important quality for business writing to possess.

＊ main idea…書き手の述べようとするテーマ。題材。
＊ controlling idea…テーマについての書き手の見解や解説。

Section 1　パラグラフを構成する　　19

例題解答

【起】

導入文　：Do you understand how paragraphs are structured?

主旨文　：<u>A paragraph is a collection of sentences that are organized into a coherent whole which explains one main idea</u>.

【承】

支持文１：This means a paragraph has to support a single controlling idea.

支持文２：<u>Given this, it is generally ideal to start a new paragraph when addressing a new idea</u>.

【結】

結論文　：<u>Providing a clear paragraph structure will make it easier for readers to understand what you are trying to convey, and thus enhance the persuasiveness of your document</u>.

結　辞　：Persuasiveness is of course a particularly important quality for business writing to possess.

　起の主旨文、承の支持文の内容から当然に帰結する結論を述べているのが Providing a clear paragraph ... だと分かれば、あとの並び順は簡単に分かります。英語の「主旨文→支持文→結論文」の形に慣れることは、英作文力の向上につながります。

Unit 2　アウトラインに沿ってパラグラフを作る

　書き手は、パラグラフを書くにあたり、文字数の制約を守らなければなりません。そのためには、いきなりパラグラフを書き始めるのではな

く、まずパラグラフに必要な要素を含んだ**アウトライン**を作り、肉付け
をしていくというやりかたが有効です。ここでいう**アウトライン**とは、
書き手が述べたいテーマに沿って、文字数の制約に合うように論点を書
き出したメモ書きのようなものです。では、実例をみながら、**アウトラ
イン**の作り方を学んでいきましょう。

　テーマは、「コンビニ店員の態度」
にして、150 〜 200 字程度の**パラグ
ラフ**に収められるような**アウトライ
ン**の作り方を見てみましょう。**起・
承・結**のうち、一番量が多くなるの
は承の部分ですから、ここに全体の
半分以上を割り当てましょう。1 文が
15 〜 20 字程度だとして、配分は大ま
かに右の図のようになります。この配
分に述べたい内容が収まるように**ア**

文字数の配分例
【起】1 〜 2 文（15 〜 40 字）
主旨文
【承】4 〜 5 文（70 〜 100 字）
支持文 1
支持文 2
⋮
⋮
【結】1 〜 2 文（15 〜 40 字）
結論文

ウトラインを考えていきます。文の数を意識するとやりやすいでしょう。

アウトラインの例

テーマ　　：コンビニ店員の態度

【起】1 〜 2 文

> 4 〜 5 文で支持できる程度
> の論点はこれかな

主旨文　：客は、接客の態度で利用するコンビニ店舗を選ぶ。

【承】4 〜 5 文

> 娘が接客態度で店を選んだ話
> なら 2 〜 3 文で書けるかな

支持文 1：自分の娘の例

支持文 2：隣人の例

> 隣人が接客態度で店を選んだ
> 話も 2 〜 3 文で書けるかな

【結】1 〜 2 文

結　論　：客は距離の近さだけでコンビニを選ぶわけではない。

　実際にはこのような試行錯誤を数回繰り返して、最終的な**アウトライ**

Section 1　パラグラフを構成する　　**21**

ンを決定することになります。

では、**アウトライン**に従って、肉付けした**パラグラフ**の例を見てみましょう。

> 【起】
> 主旨文　：客は、接客の態度で利用するコンビニ店舗を選ぶ。
> 【承】
> 支持文１：自分の娘はA店には行かない。店員がいつも忙しそうで、聞きたいことがあっても声をかけられないからだ。
> 支持文２：また、隣人は、B店には行かないそうだ。読みたい記事が載っているかどうかを知ろうとして、少しでも雑誌を立ち読みすると、すぐ邪魔をする動作をするとか。
> 【結】
> 結　論　：この２人はC店より家に近いコンビニが２つもあるのに、一番遠いC店を利用するのだ。客は、近さだけで店を選ぶのではない。

これで、必要な要素を含んだパラグラフを文字数の制限内に収まるように書けました。

例題

1. 本文の「コンビニの接客」について述べた内容をもとに、英語でアウトラインを作ってみましょう。全体で７〜10文（100ワード程度）に収まるように、起・承・結に配分してから、要点を書きます。この時点では、完全な文でなくても構いません。

1.

〈アウトライン〉

テーマ　：＿＿＿＿＿＿＿＿＿＿＿＿＿＿＿＿＿＿＿＿＿

【起】＿＿＿文～＿＿＿文

主旨文　：＿＿＿＿＿＿＿＿＿＿＿＿＿＿＿＿＿＿＿＿＿

【承】＿＿＿文～＿＿＿文

支持文1：＿＿＿＿＿＿＿＿＿＿＿＿＿＿＿＿＿＿＿＿＿

支持文2：＿＿＿＿＿＿＿＿＿＿＿＿＿＿＿＿＿＿＿＿＿

【結】＿＿＿文～＿＿＿文

結　論　：＿＿＿＿＿＿＿＿＿＿＿＿＿＿＿＿＿＿＿＿＿

2. 1のアウトラインに肉付けをして、英語でパラグラフを書いてみましょう。

【起】

主旨文　：＿＿＿＿＿＿＿＿＿＿＿＿＿＿＿＿＿＿＿＿＿

＿＿＿＿＿＿＿＿＿＿＿＿＿＿＿＿＿＿＿＿＿＿＿＿＿＿

【承】

支持文1：＿＿＿＿＿＿＿＿＿＿＿＿＿＿＿＿＿＿＿＿＿

＿＿＿＿＿＿＿＿＿＿＿＿＿＿＿＿＿＿＿＿＿＿＿＿＿＿

支持文2：＿＿＿＿＿＿＿＿＿＿＿＿＿＿＿＿＿＿＿＿＿

＿＿＿＿＿＿＿＿＿＿＿＿＿＿＿＿＿＿＿＿＿＿＿＿＿＿

【結】

結　論　：＿＿＿＿＿＿＿＿＿＿＿＿＿＿＿＿＿＿＿＿＿

＿＿＿＿＿＿＿＿＿＿＿＿＿＿＿＿＿＿＿＿＿＿＿＿＿＿

＿＿＿＿＿＿＿＿＿＿＿＿＿＿＿＿＿＿＿＿＿＿＿＿＿＿

＿＿＿＿＿＿＿＿＿＿＿＿＿＿＿＿＿＿＿＿＿＿＿＿＿＿

Section 1　パラグラフを構成する　　23

例題解答

1.

〈アウトライン〉

テーマ　：The attitudes of staff at convenience stores

【起】1〜2文

主旨文　：Customers choose which convenience store to shop at based on the attitudes of the staff.

【承】4〜6文

支持文1：The example of my daughter

支持文2：The example of my neighbor

【結】1〜2文

結　論　：Customers don't just choose stores based on proximity.

2.

【起】

主旨文　：Customers choose which convenience store to shop at based on the attitudes of the staff when serving customers.

【承】

支持文1：My daughter doesn't shop at store A. The staff always seem busy such that you cannot get their attention even if you have a question.

支持文2：In addition, my neighbor doesn't shop at store B. Apparently, when he browses through magazines to see if there are any interesting articles inside, the staff try to get in his way.

24　● Step1 文章を組み立てる

【結】
結　　論：Both my daughter and my neighbor have two convenience stores closer to their houses, but they use store C, which is further away. This illustrates that customers don't just choose stores based on proximity.

　ここでは、起承結の形式に沿って書くことが学習の焦点ですから、自分の答えと解答が多少異なっていても構いません。

Section 2

話の道筋を明確にする

　パラグラフを起・承・結で構成したら、次はつなぎ表現によって話の筋道を明確にする必要があります。ここでいうつなぎ表現とは、パラグラフの話の流れを分かりやすくする接続語句のことです。

Unit 1　つなぎ表現を知る

　つなぎ表現を用いると、文と文にどのような話の流れがあるかが分かりやすくなります。まず、つなぎ表現がないとどうなるか、例を見てみましょう。

▶ 彼は私たちの提案に満足しなかった。新しい計画を準備しなければならない。

　これにつなぎ表現を加えてみましょう。

▶ ① 彼は私たちの提案に満足しなかった。<u>だから</u>、新しい計画を準備しなければならない。

▶ ② 彼は私たちの提案に満足しなかった。<u>しかし</u>、新しい計画を準備しなければならない。

　①では「だから」、②では「しかし」が書き手の意図する話の筋道を明らかにしています。このように読み手の理解の助けとなるつなぎ表現を代表するのが、**接続詞**です。

> 注：あまり接続詞を用いすぎると、文章が冗長になりがちですが、本書では、つなぎ表現によって「書き手の意図を誤解なく伝える」ことを重視します。

26　● Step1 文章を組み立てる

では、**接続詞**とはどのようなものか、まず日本語で確認してみましょう。

接続詞は、「だから」、「しかし」のように、単独で文頭に置かれ、先行する文で述べた事柄に対して、どのような関係があるかを示す役割をします。**接続詞**は、このほか語と語、句と句、節と節をつなぐこともあります。

▶ 銀行口座開設の際には、印鑑、それから身分証明書をお持ちください。〔語と語〕

▶ この体操は、運動不足の人、そして運動嫌いの人にも楽しくできます。〔句と句〕

▶ この鎮痛剤は、歯が痛むとき、または頭痛がするときに服用します。〔節と節〕

さらに、**接続詞**は、文と文を超えて、複数の文からなるもう少し大きな意味のまとまりとのつながりを表す場合もあります。

▶ ①介護は、体の機能が低下した高齢者に対して、生活の質の維持を図りながら行わなければなりません。②このような目的のため、介護業務は大きな生産性を見出しづらいといえます。③そのうえ、公的な介護保険を使うことから、費用設定にも自由が利きにくくなっています。④だから、介護業界自体の生産性を上げて、介護者の環境を改善し、要介護者にも満足のいく介護を実現しなければなりません。

④の「だから」は、直前の①〜③の内容を受けた結論であることを表しています。

つなぎ語には、辞書では副詞に分類されているものの、文頭に置かれた場合に、文の展開を表す語句もあります。

▶ ①今朝から降り始めた雨がなかなかやまない。むしろ、雨脚は強まった。

Section 2　話の道筋を明確にする　　27

▶ ②今朝から降り始めた雨がなかなかやまない。雨脚はむしろ強まった。

①の例では、文頭に「むしろ」が置かれたため、先行する文とのつながりを表す接続詞のようなふるまいをしています。しかし、②の文中で用いられている「むしろ」は、副詞的な用い方で、「雨脚についてどちらかを選択するならば強まった」という意味を加えていますので、先行する文とのつながりを表す機能があるとは考えにくいと言えます。

本書では、パラグラフ内の節と節、文と文、そしてそれより大きな単位をつなぐ**接続詞**と、さらに①の「むしろ」のような、文の展開を表す語句を合わせて**つなぎ表現**と呼ぶことにします。

さて、ここから、本題である英語の**つなぎ表現**の話に入りましょう。英語では、等位接続詞・従位接続詞・接続副詞・その他の慣用表現が**つなぎ表現**として用いられます。例を見てください。

▶ He is not satisfied with our proposal, <u>and</u> we must prepare a new plan.〔等位接続詞〕

▶ <u>Since</u> he is not satisfied with our proposal, we must prepare a new plan.〔従位接続詞〕

▶ He is not satisfied with our proposal. <u>Consequently</u>, we must prepare a new plan.〔接続副詞〕
（彼は私たちの提案に満足しなかった。したがって、新しい計画を準備しなければならない）

▶ He was not satisfied with our proposal. <u>That is</u>, he didn't act like it.〔その他の慣用表現〕
（彼は私たちの提案に満足しなかった。つまり、そのようには振る舞わなかったのだ）

これら英語の**つなぎ表現**は、それぞれに文法的な振る舞いが異なりま

28　● Step1 文章を組み立てる

すので、正確に用いることができるように、使い方を学んでいきましょう。

Unit 1-1　等位接続詞

等位接続詞とは、and, but, or, yet などで、語句と語句や、文と文のように等価な情報をつなげるものです。ここでは、文どうしをつなげるもののみ、**つなぎ表現**として紹介します。

等位接続詞は、正式な文書では文中で用いられ、文頭には用いません。また、一般に、接続詞の直前にはカンマを付けます。

▶ He has no friends**, but** that might be fine for him.

（彼は友人がいないが、彼にとってはそれでいいのかもしれない）

しかし、文が短く、同じ主語をもつ節どうしの場合、意味的なつながりが強いので、カンマを付けない場合もあります。カンマを付けなくても接続関係が明確なためです。

▶ This house is small **but** comfortable.（この家は小さいが快適だ）

次の例では、2つの文が合わさって比較されることによって際立つという意味的な強いつながりがあるため、カンマなしで使うことができます。

▶ My father is strict **and** my mother is kind.

（父は厳しいが、母は優しい）

yet は、but と同様に「しかし」という意味がありますが、書き手の予測した内容と異なる事実に対する驚きや意外性を強調するニュアンスがあります。

▶ That tennis player is short**, yet** his play is so powerful.

（あのテニス選手は背が低いが、それでもプレーは非常に力強い）

Section 2　話の道筋を明確にする　29

例題

次の日本文を [ ] 内の語を用いながら、等位接続詞を使って英語にしましょう。

1. 私はとても疲れていたので早く寝た。[exhausted]

   1. _____

2. 私の姉 (妹) は一生懸命勉強したのに、私はしなかった。[my sister]

   2. _____

3. 彼女の家は小さいのに、装飾はいつも素晴らしい。[decorations]

   3. _____

4. 多くの建物がそのハリケーンで倒壊したが、なんとか数少ない家が残った。[destroy, managed to]

   4. _____

例題解答

1. I was exhausted <u>and</u> went to bed early.

2つ目の文は1文目と同じ主語が省略されており、つながりが強いので、カンマは付けなくて構いません。

2. My sister studied hard <u>and</u> I didn't.

文が短く、2つの事柄を対照的に述べていますから、カンマは付けな

くても構いません。but に置き換えることも可能ですが、その場合、
but 以下が書き手の言いたいことであるというニュアンスをもつのに
対して、and を用いた場合は、どちらも同じ価値で、対照することによっ
て両者の差異が際立つという違いがあります。

3. Her house is small, yet it always has wonderful decorations.
but でも正解です。yet は but に比べて、書き手の予測と異なる事実に
対する驚きや意外性を強調するニュアンスがあります。

4. Many buildings were destroyed by the hurricane, yet a few
   houses managed to survive.
but に置き換えることも可能ですが、but のほうが客観的に逆接を述べ
ているようなニュアンスがあります。

✎ Unit 1-2　従位接続詞

　従位接続詞とは、従属節の先頭に置いて、それを主節に連結する働き
をするものです。1語のみで用いられるもののほか、2語以上からなる
ものも紹介しておきます。

---

although（〜だけれども）　　since（〜なので）

because（なぜなら〜なので）

while（〜している間に、〜であるが；だが一方では〜）

whereas（〜であるが；だが一方では〜）

if（もし〜したら、もし〜であれば）　　even if（たとえ〜であっても）

in case（《米》もし〜ならば；《英》〜だといけないから）

unless（〜しない限り）　　provided that 〜（〜という条件で）

Section 2　話の道筋を明確にする　　31

as far as ～（《程度》～する限りは）

as long as ～（《時間》～する限りでは；《条件》～さえすれば）

従属節が文頭にくる場合は、文の区切りにカンマを用います。

▶ **Although** it was raining, the game was held on time.

（雨にもかかわらず、試合は時間通りに行われた）〔文の区切りにカンマが必要〕

▶ **In case** you don't know who he is, he's the president of this company.（ご存じないといけないので申しておきますが、彼はこの会社の社長です）

　従属節が主節のうしろに置かれる場合は、主節に対して意味的な独立性が低ければカンマを用いず、高ければ用います。その使い分けによって意味が変わってしまう顕著な例を紹介しておきましょう。

▶ She didn't come home because it was raining.（彼女は雨が降っていたから帰宅したのではなかった）〔カンマがなく、従属節の意味的独立性が低いため、主節の否定 didn't は because 節まで及ぶ〕

▶ She didn't come home, because it was raining.（雨が降っていたから、彼女は帰宅しなかった）〔カンマがあり、従属節の意味的独立性が高いため、主節の否定 didn't は because 節に及ばない〕

　次の文は、従属節の意味的な独立性の度合いによって、カンマの有無を使い分けている例です。文のニュアンスに違いが出ていることに注意してください。

▶ I don't care what job I do **as long as** it is in the music business.

（私は音楽業界であれば、どんな仕事をするのも構わない）

▶ I don't care what job I do, **as long as** it is not illegal.

（私はどんな仕事をするのも構わないよ、違法でないならね）

32 ● Step1 文章を組み立てる

例題

次の従位接続詞を一度ずつ使って、[ ]内の語を用いながら英文を作りましょう。

| unless   in case   provided that |

1. そのレストランは、頼まなければ水はもらえません。
[glass of water]

1. _____

2. 雨が降るといけないから、傘を持っていきなさい。
[it]

2. _____

3. フォーマルドレスならどんなデザインでも構いません。[do]

3. _____

例題解答

1. You won't get a glass of water in that restaurant <u>unless</u> you ask for one.

unless 以下の文が主節に対する条件を意味しており、従属度が高いので、主節のうしろにカンマは用いずにそのままつなげます。

　<u>Unless</u> you ask for a glass of water, you won't get one in that restaurant.

従属節を文頭に置く場合は、主節の前にカンマが必要です（このことは、

Section 2　話の道筋を明確にする　33

以下の設問も同様)。

2. Bring an umbrella <u>in case</u> it rains.

in case 以下の文が主節に対する前提を表しており、従属度が高いので、主節のうしろにカンマは付けません。

   <u>In case</u> it rains, bring an umbrella.

3. Any design will do, <u>provided that</u> it is a formal dress.

provided that はもともと分詞構文であったものが接続詞として用いられていることから、分詞構文と同様に、直前にカンマを用いるのが一般的です。

   <u>Provided that</u> it is a formal dress, any design will do.

✏ Unit 1-3 接続副詞

　ここで扱う**接続副詞（conjunct）**は、**等位接続詞**のように文と文を直接つないだり、**従位接続詞**のように節と節をつないだりする機能はもたないけれども、文頭に置かれて、先行する文と続く文の展開を表すつなぎの役割をするものです。代表的な**接続副詞**を挙げておきましょう。

therefore（それゆえ）	thus（それゆえ）
however（しかしながら）	moreover（さらに）
consequently（その結果）	besides（そのうえ、そのほかに）
accordingly（それに従って）	meanwhile（一方では）

　接続副詞はカンマを用いて文頭に「文 A. 接続副詞, 文 B」の形で置かれるほか、セミコロンを用いて「文 A ; 接続副詞, 文 B」の形で使われます。セミコロンは、ピリオドでいったん文を切ってしまう場合より、

34　　● Step1 文章を組み立てる

文と文の関連性が強いことを表したい場合に用います。それゆえ、はっきりと意味に区切りをもたせ、改めて前の文との接続関係を際立たせて用いるのであれば、ピリオドでいったん切るほうが適切だといえるでしょう。例を確認してみましょう。

▶ The project was not successful. <u>However</u>, the technology remains promising for the future.
(そのプロジェクトは成功しなかった。しかし、その技術は将来に期待を残している)

▶ The project was not successful<u>; however,</u> the technology remains promising for the future. (そのプロジェクトは成功しなかったが、その技術は将来に期待を残している)

▶ I was late for school. <u>Consequently</u>, I couldn't attend the lesson. (私は学校に遅刻した。結果として、私はその授業に出られなかった)

▶ I was late for school<u>; consequently,</u> I couldn't attend the lesson. (私は学校に遅刻した結果、その授業に出られなかった)

このほか、2語以上で構成される**接続副詞句**もあります。

---

in addition（加えて）　　as a result（結果として）
on the contrary（それどころか）　　on the other hand（他方では）
for example（例えば）　　for instance（例えば）
in other words（言い換えれば）in short（手短に言えば、要するに）
in fact（もっと言えば、それどころか）in contrast（それに比べて）

▶ We visited France and Germany. <u>In addition,</u> we also visited Belgium.（私たちはフランスとドイツを訪れた。加えて、ベルギーも訪問した）

▶ We visited France and Germany<u>; in addition,</u> we also visited Belgium.（私たちはフランスとドイツを訪れたのに加えて、ベルギー

Section 2　話の道筋を明確にする　　**35**

も訪問した）

▶ The risk of inflation hasn't diminished. **On the contrary,** it has increased.（インフレのリスクは小さくなっていない。それどころかむしろ増大している）

▶ The risk of inflation hasn't diminished**; on the contrary,** it has increased.（インフレのリスクは小さくなっていないどころか増大している）

例題

次の接続副詞(句)を1度ずつ使って、[　]内の語を用いながら英文を作りましょう。解答欄のセミコロンとピリオドは、ヒントです。

| moreover　　however　　in fact　　thus　　as a result |

1. 販売員に勧められた新しいスマートフォンは、とても高かったうえに、高い月額プランを選ぶように言われた。
   [a high-cost monthly plan]

   1. _____
      　　　；_____．

2. 新しい技術は有望にみえた。しかし、1つ深刻な欠陥があった。
   [promising, defect]

   2. _____．
      _____．

3. 今年は天候が不順だったため、野菜の値段が劇的に全国で高くなった。[unusual, rise, throughout]

3. _____ ;

_____ .

4. すべてのフライトが雪で遅れた。それどころか、私たちは空港で一
晩過ごさざるを得なくなってしまった。[due to, force]

4. _____ .

_____ .

5. 会社は法的な人だとみなされている。それゆえ、会社はすべての資
産を自身が所有する。 [consider, legal person, its assets]

5. _____ .

_____ .

例題解答

1. The new smartphone recommended by the sales staff was so expensive; <u>moreover</u>, I was told to choose a high-cost monthly plan.

2. The new technology seemed promising. <u>However</u>, there was one serious defect.

3. The weather has been unusual this year; <u>as a result</u>, vegetable prices have risen dramatically throughout the country.

4. All flights were delayed due to the snow. <u>In fact</u>, we were

Section 2　話の道筋を明確にする　　37

forced to stay at the airport overnight.

5. A company is considered as a legal person. Thus, it owns all its assets for itself.

等位接続詞・従位接続詞・接続副詞の総合例題

次の英文の空所に、枠内に示したつなぎ表現をどちらか選んで入れましょう。

1. You can use my PC (　　　) you keep the original settings.

| as long as | in case |

（元の設定を変えないなら、私のパソコンを使っていいよ）

2. The demand for bus service has decreased due to population decline in the city. (　　　), the service will be closed on July 30th.

| because | therefore |

（市の人口の減少により、バスの運行の需要が減っております。そのため、7月30日をもって運行は終了します）

3. My classmate studied hard (　　　) I didn't.
（私の級友は一生懸命勉強したが、私はしなかった）

| however | and |

4. The hotel offers luxurious rooms and first-rate service.
(　　　), it has been awarded No. 1 in top hotels in Tokyo.

38　● Step1 文章を組み立てる

| accordingly | yet |

（そのホテルは、豪華な部屋と一流のサービスを提供している。したがっ
て、東京のハイグレードホテル第1位に輝いた）

5. The food in the restaurant was tasty; (　　　　) , the price was
affordable.

| and | moreover |

（そのレストランの料理は美味しくて、おまけに値段も手ごろだった）

6. He couldn't pass the exam, (　　　　　) his tutor constantly
supported him.

| thus | although |

（彼の家庭教師がずっと付きっきりだったのに、彼は試験に合格しな
かった）

等位接続詞・従位接続詞・接続副詞の総合例題解答

1. as long as
2. Therefore
3. and
4. Accordingly
5. moreover
6. although

Section 2　話の道筋を明確にする　39

Unit 2　様々なつなぎ表現を知る

つなぎ表現を使いこなすには、等位接続詞・従位接続詞・接続副詞といった文法的な側面以外に、意味的な側面からも用法を知らなければなりません。このユニットでは、**つなぎ表現**を因果関係、逆接、例示といった意味的な区分から、もう一度学び直します。

Unit 2-1　因果関係を表す

ここでは、理由・結果などの**因果関係**を表す英語の**つなぎ表現**を学びます。主なものを表に示します。

因果関係を表す表現		
等位接続詞	従位接続詞	接続副詞 (句)
and（だから）	because （なぜならば～） since（～なので）	thus（だから、したがって） therefore（それゆえに） consequently（したがって） accordingly（したがって、それゆえに） as a result（結果として）

では、注意が必要なつなぎ表現の用い方を、個別に見ていきましょう。まずは and からです。

▶ We lost all the data stored in the PC, **and** it is impossible to meet the deadline.（その PC に保存したすべてのデータがなくなったので、締め切りを守るのは不可能です）

等位接続詞の and は、2 つの文を等価につなげます。しかしこの文の場合、時間的には We lost … PC が先に起こり、it is impossible … が後に起こっていることから、and は「だから」という帰結の意味として解釈されることになります。そのため、自然と and 以下の文のほうが書

40　　● Step1 文章を組み立てる

き手の言いたいことのように感じられます。また、and は、次のように
2つの対照的な内容を結ぶことによって、「それなのに」という but に
近い意味をもたせることもできます。

▶ We tried very hard __and__ we failed.（私たちは本当に一生懸命やっ
たのに、失敗した）

次は従位接続詞 because です。

▶ ① It is impossible to meet the deadline, __because__ we lost all the
data stored in the PC.（PC に保存したすべてのデータがなくなっ
たので、締め切りを守るのは不可能です）

▶ ② __Because__ we lost all the data stored in the PC, it is impossible
to meet the deadline.（PC に保存したすべてのデータがなくなっ
たのですから、締め切りを守るのは不可能です）

①のように文中で用いられると、主節の it is impossible ... のほうが
書き手の言いたいことのように感じられます。②のように文頭に出す
と、理由を強調しているようなニュアンスになります。

従位接続詞 since は、もともと「〜以来」という時間の起点を表すこ
とから、because よりも「当然そうなる」という客観性の強い理由を表
すニュアンスがあります。

▶ __Since__ he always works overtime, he has no time to enjoy his
private life.（彼はいつも残業なので、プライベートな生活を楽し
む時間がない）

従位接続詞を冒頭に置くほうがよいのか、または文中に置くほうがよ
いのかは、接続詞そのもののもつ意味だけでなく、これらの例文に先行
する文脈いかんで、決まることになります（➡先行文脈とのつながりを
作る「伝達構造」については、第3ステップで詳説）。

thus, therefore は、当然の帰結を表す接続副詞です。

▶ ③ Our boss was not satisfied with our proposal. We fortunately

Section 2　話の道筋を明確にする　　**41**

had some time to start over. **Thus,** we began to plan a new project. （上司は私たちの提案に満足しなかった。幸い私たちにはやり直す時間があった。それゆえ、新しい計画を企画し始めた）

▶④ The airplane was delayed due to the snow; **therefore** passengers had to wait in the airport overnight. （雪で飛行機が遅れたため、乗客は空港で一晩待たねばならなかった）

　接続副詞は、③のように文頭に用いれば、先行する2文の内容を受けることができ、重要な結論を出したようなニュアンスをもたせることができます。④のように文中に用いれば、直前の1文だけとの関係を表すことになり、文中に埋もれて目立たないぶん、パラグラフ全体の最終的に述べたい結論を表すには使いにくいともいえます。

　このほか、帰結を表す接続副詞の用例を挙げておきます。文頭に用いる場合には、③と同様のことが言えます。

▶ Innovation accounts for most of the production costs, so the price of new drugs is much higher than their cost of manufacture. **Consequently,** the price of new drugs is usually too high for many poor people to afford.

（開発費は製造コストの大半を占めており、新薬の価格は製造コストよりずっと高い。必然的に、新薬の価格は通常多くの貧しい人々の手に届かなくなってしまう）

▶ The presentation will discuss the development of our subsidiary. Most new employees will attend. **Accordingly,** the presentation should include a detailed background of that development.

（プレゼンでは、子会社の展開について議論する。ほとんどの新入社員が参加するだろう。したがって、展開の背景について詳しく説明する必要がある）

42　● Step1 文章を組み立てる

▶ We couldn't afford the initial costs of new technology and fell behind our rival. <u>As a result,</u> we lost our largest client last year.
（わが社は新技術の導入費用を支払う余裕がなく、ライバルに後れをとった。その結果、昨年最大の顧客を失った）

例題

次の枠内のつなぎ表現を１度ずつ使って（　）内に適切なものを選んで入れ、[　]内の語を用いて英文を作りましょう。複数解答があり得ます。

    and   thus   as a result   because   accordingly   consequently

1. My trip to Kyoto was cancelled, (　　　　) _____
_____.
（京都への旅行はキャンセルになったので、代わりに祖母を訪ねました）
[instead]

2. (　　　　) I didn't meet the sales goal, I _____
_____.
（売り上げ目標を達成できなかったので、昇進しそこなった）[fail]

3. We deal in secondhand items only, so any discounts we offer are dependent on product availability. (　　　　), _____
_____.
（私たちはもっぱら中古品を取り扱っておりますので、ご提供する割引きはどれも商品の在庫状況次第です。したがって、その時々で商品の

値段は変わる可能性があります) [from time to time]

4. If the document does not contain the information required, it will be useless. (   ),＿＿＿＿＿＿＿＿＿＿＿＿

＿＿＿＿＿＿＿＿＿＿＿＿＿＿＿＿＿＿＿＿＿＿＿＿.

(もし文書に必要とされる情報が含まれていなければ、役に立たない。したがって、まず最初にやらなければならないことは、文書の目的を決定することだ) [first thing to do]

5. The U.S. population is aging rapidly, with large proportions of retirement-age men and women. (   ), ＿＿＿＿＿＿＿

＿＿＿＿＿＿＿＿＿＿＿＿＿＿＿＿＿＿＿＿＿＿＿＿.

(アメリカの人口は急速に高齢化しており、定年を迎える男女の比率が大きい。結果として、労働力は、ますます移民に頼らざるを得なくなるだろう) [labor force, increasingly]

6. The supply of skilled workers is not keeping up with the growing demand. Diverse industries are looking for such workers.
(   ),＿＿＿＿＿＿＿＿＿＿＿＿＿＿＿＿.
(熟練労働者の供給は、増大する需要に追い付かない状況である。多様な業界が彼らを探している。それゆえ業界は彼らに高い給与を支払う傾向がある) [those industries]

44　　● Step1 文章を組み立てる

例題解答

1. My trip to Kyoto was cancelled, (and) I visited my grandma instead.

and は等位接続詞なので、カンマを打って2つの文をつなげることができます。

2. (Because) I didn't meet the sales goal, I failed to get a promotion.

理由を表す従位接続詞を用います。選択肢にはありませんが、意味的には since も可能です。

3. (Accordingly), the price of our products may change from time to time.

空白の後ろにカンマがあることから、入れるのは接続副詞です。consequently, thus も使うことができます。

4. (Thus), the first thing to do is to decide the purpose of the document.

consequently も accordingly も用いることができます。

5. (As a result), the labor force will increasingly depend upon immigrants.

日本語の「結果として」の意味にふさわしいのは as a result です。

6. (Consequently), those industries tend to pay them higher wages.

accordingly, thus も使うことができます。

Section 2　話の道筋を明確にする　　**45**

Unit 2-2　逆接／譲歩を表す

　ここでは、**逆接・譲歩**を表す英語のつなぎ表現を学びます。主なもの
を表に示します。

逆接・譲歩を表す表現		
等位接続詞	従位接続詞	接続副詞 (句)
but（しかし） yet（にもかかわらず、 しかし）	although（～だけれども） even if（たとえ～だと しても）	however（しかしながら） on the contrary（それ どころか、それに比べて、 しかしながら）

　逆接は、それまでに述べた内容と対照的な内容を述べることで、主張
を際立たせるために用います。

▶ He is rich <u>but</u> modest.（彼は金持ちだが謙虚だ）

▶ He is rich <u>yet</u> modest.（彼は金持ちなのに謙虚だ）

　上記のいずれの文も、「彼は金持ちだ」という事実をもち出し、そこ
から予測できる「態度が横柄だ」などとは逆の「謙虚だ」という事実を
対比させることで強調しています。but と yet は、どちらも先行する内
容と対をなすような概念を表現しますが、yet のほうが書き手の主観を
強く反映しており、驚きが強いニュアンスがあります。

　however も逆接を表すことができますが、文語的なニュアンスがあ
ります。また、接続副詞ですから、いったん文を切って「文 A. 接続副詞 ,
文 B」の形にするか、セミコロンを用いて「文 A ; 接続副詞 , 文 B」の
形で用いなければなりません。

▶ ○ This is a good plan. However, there are others.

▶ ○ This is a good plan; however, there are others.

▶ × This is a good plan<u>, however,</u> there are others.

　（これは良い案だ。が、他にも案がある）

46　　● Step1 文章を組み立てる

接続副詞句の on the contrary は、「文．On the contrary, 文」のように文頭に置くことができます。

▶ Mike is a very successful actor.　People around him want to make friends with him.　**On the contrary,** he tends to stay away from others and avoid intimate situations.
（マイクは非常に成功している俳優だ。彼の周囲の人々は、彼と友達になりたがる。これに反して、彼は他人と距離を置き、親しい付き合いを避けるきらいがある）

先に述べたように、接続副詞を文頭に置くと、この例文のように、単に直前の文だけでなく、それまでに述べた内容全体に対して「これに反して」という意味をもたせることができます。次のように「文；on the contrary, 文」の形を用いれば、直前の文とのつながりだけを表すことになります。

▶ She didn't mean to hurt you**; on the contrary,** she wanted to help you.（彼女はあなたを傷付けるつもりはなかったどころか、助けたかったのです）

譲歩表現は、期待される内容とは異なることを述べることで、書き手の主張を際立たせるために用います。

まず、may … but，even if を紹介しましょう。

▶ It **may** be a comfortable car**, but** it uses a lot of gas.
（なるほど快適な車かもしれないが、ガソリンを食いすぎるよ）

▶ **Even if** I work all night, I won't be able to meet the deadline.
（たとえ徹夜で働いても、締め切りには間に合わないだろう）

次に、従位接続詞 although を紹介します。

Section 2　話の道筋を明確にする　　**47**

▶ ① <u>Although he is our boss</u>, we do not need to discuss everything with him.

▶ ② We do not need to discuss everything with him<u>, although he is our boss</u>.

（彼と逐一議論する必要はないよ、彼は上司だけれども）

　although 節は、書き手が主節で述べる内容の前提となる情報を示す場合、①のように主節に先立って文頭で用いられるのが一般的です。②のようにいったん主節とカンマで区切って「主節, although … 」の形で用いられる場合は、主節に対して補足的な情報だというニュアンスになります。これ以外の要因によって、although を文頭・文中のどちらで用いるのかを左右するのは、先行文脈とのつながりのスムーズさや、書き手の意図です。次の例を見てください。

▶ The president is not an expert in the field and does not know much about it. ① <u>Although he is our boss</u>, we do not need to discuss everything with him.

▶ The president is not an expert in the field and does not know much about it. ② We do not need to discuss everything with him, <u>although he is our boss</u>.

（社長はその分野の専門家ではないし、そのことについてあまり知らない。彼が上司であっても、私たちは彼と逐一議論する必要はない）

　①は直前の文で述べた the president を Although <u>he</u> で受けており、情報のつながりがスムーズになります。ただし、従属節が文頭に出てきたぶん、従属節が目立つことになります。②のように従属節を後ろに置くと、although he is our boss の部分が補助的な情報であり、主節 We do not need to discuss everything with him が中心的な情報に感じられます。もし、「ボスと逐一議論をしない」という点を強調することを避けたいのであれば、②の表現のほうが適切だと言えるでしょう。

48　● Step1 文章を組み立てる

例題

次の枠内のつなぎ表現から、1〜6の（　）に適切なものを選択して入れ、[ ]内の語句を用いて英文を作りましょう。複数解答があり得ます。

> yet　however　but　although　on the contrary　even if

1. A search party looked for the boy for three days; (　　　),
_____.
（捜索隊がその少年を3日間探したが、彼はどこにも見当たらなかった）
[there, no sign of]

2. My teacher was furious at me, (　　　) she _____
_____.
（私の先生は怒っていたが、彼女は忍耐強く私の言い訳を聞いてくれた）
[excuse, patiently]

3. (　　　) the project was supposed to finish in March, it
_____.
（そのプロジェクトは3月に終わるはずだったが、さらに3か月も多くかかってしまった）[take]

4. Our new office may be small, (　　　) it _____
_____.
（私たちの新しいオフィスは、小さいかもしれないが、便利な場所にある）[conveniently located]

5. We expected profits this year would be low. (　　　　　),

_____.

（わが社の今年の利益は少ないと予想されていた。ところが、大きく改善されていたのであった）[show, great]

6. (   ) I cannot see him, I _____.

（たとえ会えなくても、彼を訪ねます）[him]

7. 〔 　 〕内に、よりスムーズに情報をつなげる文の番号を枠内から選んで入れましょう。

When my boss wants me to do something, he always says "please." 〔　　　　〕

（私の上司が私に何か頼みたいとき、彼はいつも please と言う。彼がそれを言うのは、上司であっても礼儀正しくありたいためだ）

> ① He does it to be polite, although he is my boss.
> ② Although he is my boss, he does it to be polite.

例題解答

1. A search party looked for the boy for three days; (however), <u>there was no sign of him</u>.

セミコロンが直前にありますので、however が正解です。等位接続詞 yet を用いるのであれば、カンマを用いて A search party looked for the boy for three days, yet there was no sign of him. としなければなりません。

2. My teacher was furious at me, (yet) she <u>listened to my excuse</u>

50　　● Step1 文章を組み立てる

<u>patiently</u>.

意味的には but を用いることも可能です。

3. (Although) the project was supposed to finish in March, it <u>took</u> <u>three more months</u>.

4. Our new office may be small, (but) it <u>is conveniently located</u>.

選択肢にはありませんが、however … may be を用いて譲歩を表現することもできます。<u>However</u> small our new office may be, it is conveniently located.（どんなに私たちのオフィスが小さいとしても、便利な場所にある）

5. We expected profits this year would be low. (On the contrary), <u>they showed great improvement</u>.

however も可能です。

6. (Even if) I cannot see him, I <u>will visit him</u>.

「たとえ会えなくても」を意味的に適切に表すのは even if です。

7.〔①〕

When my boss wants me to do something, he always says "please." ① <u>He does it</u> to be polite, although he is my boss.

直前の文で既出の he と it (= he says "please") を前方にもってくる①の文のほうが、情報のつながりがスムーズになります。

Section 2 話の道筋を明確にする **51**

Unit 2-3　例示／付加を表す

ここでは、例示や付加の意味をもつ、**つなぎ表現**を紹介します。

例示を表す接続副詞句	付加を表す接続副詞 (句)
for example（例えば） for instance（例えば）	furthermore（そのうえ、さらに） moreover（そのうえ、さらに） besides（そのうえ、さらに） additionally（そのうえ、さらに） in addition（そのうえ、さらに加えて）

　例示を表す for example, for instance は、多くの場合、主旨を支持するための具体例を述べることに用います。

▶ You need some kind of infrastructure to introduce a new thing. **For instance,** the introduction of the Internet needed people who had computers.（新しいものを導入するには、何らかの基盤整備が必要だ。例えば、インターネットの導入には、コンピュータを持っている人々が必要だった）

　for instance の直前の文 You need ... が書き手の主旨です。なお、for example は、ほぼ for instance と同様に使うことができます。

　furthermore, moreover, besides, additionally は、書き手の述べたいことに追加がある場合に使います。

▶ The hotel has well-trained staff with good customer service. **Additionally [In addition],** the price of the hotel room was very reasonable.

（そのホテルのスタッフはよく訓練されていて、顧客サービスもよい。加えて、部屋の値段は非常にリーズナブルだった）

▶ Just follow the steps and you will be able to complete the

52　● Step1 文章を組み立てる

download process easily. Furthermore, the software will send you update information periodically.（その手順に従うだけで、簡単にダウンロードが完了します。さらに、そのソフトウエアは、アップデート情報も定期的に送ってくれます）

▶ I don't want to go to the French restaurant. Besides, I can't afford it.（私はそのフランス料理店には行きたくない。それに、そんな余裕もない）

　もし、3つ以上の文を並べて情報を加えていく場合、最後の文の文頭に接続副詞を置くと、情報の区切りを明確にできます。この場合、最後の文が際立つことになるので、ここに一番強調したい内容を置くのが理に適っています。

▶ ① We learned a lot from the marketing seminar. ② There were chances for speakers and participants to exchange opinions. ③ Moreover, we enjoyed it.（私たちはそのマーケティングセミナーから多くのことを学んだ。講師と参加者が意見を交換する機会もあった。そのうえ、セミナーは楽しかった）

例題

次の枠内のつなぎ表現から（　）内に適切なものを選択して入れ、[ ]内の語句を用いて英文を作りましょう。複数解答があり得ます。

| moreover　besides　for instance　additionally |

1. He had to reorganize his team; (　　　　　),＿＿＿＿＿＿＿
＿＿＿＿＿＿＿＿＿＿＿＿＿＿＿＿＿＿＿＿＿＿＿＿＿＿＿＿＿．
（彼はチームを改革しなければならなかったし、加えて、経済的な損失

Section 2　話の道筋を明確にする　53

にも直面した) [financial losses]

2. At this time of the year, you can dine on our restaurant's terrace and enjoy the wonderful vistas. (   ), we have

_____.

(この季節は、私どものレストランのテラスでお食事をし、素晴らしい眺めをお楽しみいただけます。お庭には、犬用のスペースもございます)
[an area]

3. He didn't _____ Beth.
   (   ), he didn't even contact her.
(彼は、そのことをベスと話し合っていなかった。そのうえ、連絡すらとっていなかった) [the matter]

4. The world's focus on English prevents the spread of great ideas in other languages. (   ), _____

_____?

(世界が英語に集中しすぎると、他の言語による偉大な考えが広がるのを妨げることになる。例えば、もしアインシュタインが TOEFL に合格する必要があったとしたらどうだっただろう?) [Einstein, what if]

例題解答

1. He had to reorganize his team; (besides), <u>he faced financial losses</u>.

additionally, moreover も可能です。

54　● Step1 文章を組み立てる

2. At this time of the year, you can dine on our restaurant's terrace and enjoy the wonderful vistas. (Additionally), we have <u>an area in the garden for your dogs</u>.

besides, moreover も可能です。

3. He didn't <u>discuss the matter with</u> Beth. (Moreover), he didn't even contact her.

additionally, besides も可能です。

4. The world's focus on English prevents the spread of great ideas in other languages. (For instance), <u>what if Einstein had needed to pass the TOEFL</u>?

for instance は for example とほぼ同じ意味を表します。

✍ Unit 2-4　比較・対照を表す

　ここでは**比較・対照を表すつなぎ表現**を学びます。主なものを表に示します。違いを述べたいときには、ただ列挙するより、比較したい内容を対照させながら表現するほうが読み手の印象に残りやすく、効果的に情報を伝えることができます。

比較・対照を表す表現	
従位接続詞	接続副詞（句）
while（〜に対して） whereas（〜である一方で）	meanwhile（その間に、一方では、と同時に） in contrast（それに対して、それとは対照的に） on the other hand（他方では）

Section 2　話の道筋を明確にする　　**55**

対照を表す従位接続詞には、while, whereas があります。but が先行する内容と反対の事柄を述べることで but 以下の情報を強調しようとするのに対して、while, whereas は、2つの事柄の違いを**対照**させて比べるニュアンスをもつ場合に使います。

▶ ① Americans prefer to talk straight, <u>while</u> Japanese prefer ambiguity.（日本人はあいまいな表現を好むのに対して、アメリカ人ははっきり話すことを好む）

▶ ② Americans prefer to talk straight, <u>but</u> Japanese prefer ambiguity.（アメリカ人ははっきり話すことを好む。しかし、日本人はあいまいな表現を好むのだ）

　②では、but 以下の内容が強調されて、それが書き手の言いたいことになります。また、while 節は①のように主節のうしろに置かれると対照の意味をもちますが、次の例文のように、主節の前に置かれると、「～なのに、～だけれども」という譲歩の意味をもつので、注意が必要です。

▶ <u>While</u> the Internet is a strong communication tool, it has its limitations.（インターネットが強力なコミュニケーションの道具だとはいえ、限界はあろう）

　whereas は、「A の側面と B の側面を比較する」という意味で全般的に使うことができ、while より堅い語です。

▶ Starbucks' main item is coffee, <u>whereas</u> McDonald's mainly sells hamburgers.（マクドナルドは、ハンバーガーを主力で売っているが、スターバックスはコーヒーが主な商品である）

　この文では while も用いることができますが、while は、次のような時間的な同時性がない2つの出来事を比較することはできません。

▶ Kyoto used to be the capital of Japan, <u>whereas</u> now Tokyo has that role.（京都はかつて日本の首都であったが、今は東京がその役

割を果たしている）

　接続副詞 meanwhile は「文．Meanwhile, 文」のように文頭に置く
ことができます。先に述べたように、これは、直前の文にいったんピリ
オドで区切りを付けて、改めて論旨を述べる形です。

▶ The country's economy has been expanding in recent years.
This has led to a 15% increase in the income of male workers.
The income of female workers also went up by 10%.
Meanwhile, non-regular employees don't seem to have received
any benefits from the economic boom.
（その国の景気は近年拡大してきている。そのおかげで男性労働者
の賃金は 15％上がった。女性労働者の所得もまた 10％上昇した。
いっぽう、非正規雇用者は好景気から何の恩恵も受けていないよう
である）

　接続副詞を文頭に置けば、この例文のように、直前の文だけでなく、
それまでに述べた内容を受けて、「一方で」という意味的な関係を述べ
ることができます。また、文中で用いるより、文頭に置いたほうが位置
的にも際立ちますので、より強調して述べたいときには、文頭に用いる
のが理に適っています。また、meanwhile は、先行する内容に対して、
時間的に平行して起こる事柄を、「一方では〜」と述べるときに用いる
ことにも注意しましょう。

　このほか、2 つの事柄を比較する接続副詞句としてよく用いられるも
のに、in contrast、on the other hand があります。

▶ The Tokyo Metro station is located underground. **In contrast,**
the JR station is placed on elevated ground.（東京メトロの駅は
地下にある。それとは対照的に、JR の駅は高架になっている）

▶ Tokyo has little snow in winter. **In contrast**, Akita has heavy,
long-lasting snowfalls.（東京では冬に雪がほとんど降らない。いっ

Section 2　話の道筋を明確にする　　**57**

ぽう、秋田では雪は深く、長く降り続く）

このように in contrast は、2つの対照的で、反対するような側面を比較することに用います。

▶ Hokkaido is bitterly cold in winter. **On the other hand**, it avoids the worst of the humid summer heat. （北海道では、冬は身を切るように寒い。他方で、夏はひどく蒸し暑くはならない）

on the other hand は、ある事柄に対して、別の視点から見た状況を対比して述べるときに用います。そのため、次のように反対の事柄ではないことも述べることができます。

▶ Smoking in the computer-server room causes the machines trouble. **On the other hand**, it violates the rule. （コンピューターサーバー室での喫煙は機械の故障のもとになる。それに、規則違反だ）

また、in contrast が比較可能な類似した文法形式の文を対照的に並べるのに対して、on the other hand は、必ずしもそうではありません。

▶ $25 for an excellent coffee maker is quite a bargain; **on the other hand**, do you really need one? （本格的なコーヒーメーカーで 25 ドルは確かにお買い得だけど、本当に必要なの？）

例題

次の枠内のつなぎ表現から（　）に適切なものを選択して入れ、[ ] 内の語句を用いて英文を作りましょう。複数解答があり得ます。

> on the other hand　meanwhile　whereas　in contrast

1. The Swedish economy is performing well; (　　　　　), ＿＿＿

_____.

（スウェーデンの経済は好調だが、それとは対照的に、他の西ヨーロッパ諸国では経済成長がほとんど見られない）[no economic growth]

2. Japanese has just five vowel sounds. (　　　　　), _____
_____.

（日本語は母音が5つしかないが、他の言語には10以上もあるものがある）[some languages]

3. I like living in the countryside (　　　　　) _____
_____.

（私は田舎暮らしが好きだが、妻は都市生活のほうが好きだ）[city]

4. I like living in Tokyo for its convenience. (　　　　　), it
_____.

（私は便利なので東京に住むのが好きだが、親しい近所付き合いは望めない）[lack, neighborly relations]

例題解答

1. The Swedish economy is performing well; (in contrast), <u>other Western nations are achieving almost no economic growth</u>.
セミコロンとカンマの間に置いて用いることができるのは、接続副詞です。meanwhile, on the other hand も可能です。

2. (In contrast), <u>some languages have 10 or more</u>.

Section 2　話の道筋を明確にする　59

直後にカンマがあるので、従位接続詞の whereas は使えません。meanwhile は、文章から時間的な同時性を述べる意図を感じにくいため、少し使いづらいといえます。on the other hand も可能です。

3. I like living in the countryside (whereas) <u>my wife prefers city life</u>.
whereas は、選択肢にはありませんが同じく従位接続詞である while に置き換えることができます。

4. I like living in Tokyo for its convenience. (On the other hand), it <u>lacks close neighborly relations</u>.
文法形式の似た対照的な2つのことを比較するのではなく、別視点を導入して比較する場合は on the other hand を用います。

Unit 2-5   条件を表す

ここでは、**条件**を表すつなぎ表現を学びます。**条件**を表す**つなぎ表現**を考えるとき、注意したいことは、日本語には、実現の可能性の度合いによって、条件の表現を区別する文法形式がないことです。

▶ ①もし十分なお金があったら、何を買いますか。〔現実とは異なる仮想的な条件〕

<u>If you had enough money</u>, what would you buy?

▶ ②もし春になったら、何をしますか。〔必ず実現する条件〕

<u>When spring comes</u>, what will you do?

▶ ③もし試験に受かったら、何をしますか。〔可能性の高い条件〕

<u>If you pass the exam</u>, what will you do?

①は、現実ではないことを仮想していますが、②は、必ず起こることを仮想しています。③は、起こる可能性も起こらない可能性もあること

60   ● Step1 文章を組み立てる

を仮想しています。日本語は、これらをすべて「たら」で表現していますが、英語では、例文のように、実現の可能性によって表現が変わります。ここで扱う**条件**を表す**つなぎ表現**は、用法の説明が複雑にならないよう、いずれも実現の可能性のあるものに絞ります。

条件を表す表現	
従位接続詞	その他のつなぎ表現
if（〜もし〜ならば） unless（もし〜しないなら、〜しない限り） provided that 〜（〜という条件で） as long as 〜（〜する限り [〜する間] は、〜さえすれば） as far as 〜（〜する限りは）	on condition that 〜（〜という条件で） given that 〜（〜と仮定すれば、〜を考慮すれば）

　if と as long as は、どちらも条件を表しますが、ニュアンスに違いがあります。

▶ __If__ you work hard, you will succeed.
　（もし一生懸命仕事をするなら、成功するでしょう）

▶ __As long as__ you work hard, you will succeed.
　（一生懸命仕事をする限り、成功するでしょう）

　if を使った場合、一生懸命仕事をする可能性があるかないかは分からないという書き手の主観が働いています。一方、as long as は書き手が既に you が一生懸命仕事をしていると考えており、「その状態が続く限り」と述べています。つまり、起こり得る可能性が if より高いというニュアンスがあるのです。

　もし、as long as を実際に体験している状態に用いれば、「この状態が続く限り」という時間的な条件を意味することになります。

▶ __As long as__ we stay here, we'll be safe.
　（私たちは、ここにいる限り安全だ）

Section 2　話の道筋を明確にする　　61

as long as と似た表現に as far as がありますが、これは、範囲や程度の限度を表す表現です。

▶ <u>As far as</u> I know, he is still in Canada.
（私の知る限りでは、彼はまだカナダにいる）

unless は、「もし…でなければ」という意味ですが、if not より起こる確率が低いという含みがあります。

▶ <u>Unless</u> the train is late, I'll be there at ten.
（〔あまり遅れないとは思うが〕電車が遅れないかぎり、私はそこに10時に着くだろう）

▶ <u>If</u> the train is<u>n't</u> late, I'll be there at ten.
（〔遅れる可能性もあるが〕電車が遅れなければ、私はそこに10時に着くだろう）

provided that, on condition that は、条件を表す文語的な表現です。

▶ We'll provide a full refund <u>on condition that</u> you return the purchased item(s) to us within 21 days of receipt.（ご購入商品は、お受け取り後21日以内にご返送くだされば、全額返金いたします）

▶ We may disclose your personal data to prospective buyers <u>provided that</u> the third party only uses your information for the purposes that you have permitted. （当社は貴殿の個人情報を、許可された目的以外に使用しないという条件下で、第三者たる顧客予定者に開示することがあります）

given that は、「すでにこのような状況が事実なのだから」という前提条件であることを意味します。

62　● Step1 文章を組み立てる

▶ <u>Given that</u> he was forced to work long hours, the accident was not his fault.
（彼が長時間労働を強いられていたことを鑑みれば、その事故は彼の責任ではなかった）

また、数学などで、「与えられた条件があると前提すれば」という表現のときにも用いることができます。

▶ <u>Given that</u> the radius is 3 feet, find the circumference.
（半径が3フィートである場合の円周を求めよ）

例題

次の枠内のつなぎ表現から（　）に適切なものを選択して入れ、[ ]内の語句を用いて英文を作りましょう。複数解答があり得ます。

| as long as　if　given that |
| provided that　on condition that　as far as |

1. (　　　　　) a 40-year-old male is healthy, what is the probability that _____
_____? （40歳の健康な男性がいると前提して、彼が10年以内にガンだと診断される確率はどのくらいか？）[diagnose, with]

2. I don't know whether or not our business trip will run to schedule in this rain. (　　　　) the plane leaves on time, we _____
_____.
（この雨なので、出張が予定通りにうまくいくかどうか分からない。もし、飛行機が定刻に出発すれば、午後の会議には間に合うだろう）[attend]

Section 2　話の道筋を明確にする　63

3. You can bring your friend to the party, (   ) she _____

_____.

（飲食費を本人が払うのならば、友人をパーティに同伴なさっても構い

ません）[food and drinks]

4. (   ) we can keep working, we will have_____

_____.

（このまま働けさえすれば、生活するには十分なお金があります）[live]

5. You will_____, (   ) that you buy 3

pizzas or more.

（ピザを３枚以上購入されると、もう１枚無料になります）[free, one]

6. The_____ (   ) operational

expenses are concerned.

（その計画は、ランニングコストに関する限り経済的だ）[plan]

例題解答

1. (Given that) a 40-year-old male is healthy, what is the probability

that <u>he will be diagnosed with cancer in 10 years</u>?

given that は、that 以下を既成事実として前提にしていることを意味

します。provided that や on condition that でも正解です。

2. I don't know whether or not our business trip will run to

schedule in this rain. (If) the plane leaves on time, we <u>will be</u>

64 ● Step1 文章を組み立てる

able to attend the meeting in the afternoon.

as long as も用いることができますが、書き手が実現可能性について疑いを抱いている場合、if のほうが適切です。

3. You can bring your friend to the party, (provided that) she pays for her own food and drinks.

provided that は条件を説明するのによく用いられます。続く節で未来のことを述べるときは、現在形を用います。on condition that, as long as も可能です。

4. (As long as) we can keep working, we will have enough money to live.

「現在すでに起きている状態が続く限り」という意味ですから as long as を用います。

5. You will get one pizza free, (on condition) that you buy 3 pizzas or more.

「××を○○個お買い上げで、もう1個無料でもらえます」というビジネス的な条件表現では、on condition that, provided that が一般的に用いられます。

6. The plan is economical (as far as) operational expenses are concerned.

計画内容についての範囲を限定しているので、as far as を使います。

Section 2　話の道筋を明確にする　　**65**

Unit 2-6 要約・換言を表す

ここでは、**要約・換言を表すつなぎ表現**を学びます。主なものを表に示します。

要約・換言を表す表現	
接続副詞句	その他のつなぎ表現
in other words（言い換えれば） in short（手短に言えば、つまり、要するに） in fact（もっと言えば、それどころか）	that is（つまり、すなわち） to summarize（要約すれば、つまり）

要約・換言を表すつなぎ表現は、パラグラフの中で述べた内容をまとめるためによく使われます。ここで紹介するものは、いずれも「文.In short, 文」のように文頭に置くことができます。そのため、直前の文に限らず、それまで述べてきた内容全体に対する要約や換言を表すことが可能です。この性質を利用して、パラグラフ全体を総括する際の文頭に用いると効果的でしょう。

▶ 99% of all accidents on roads are caused by human error. Yet drivers continue to repeat the same mistakes. <u>That is</u>, no one can be a perfect driver.（道路上のすべての事故の99%は、人為的ミスによって引き起こされている。それにもかかわらず、運転者は同じミスを繰り返し続けている。<u>つまり</u>、完璧な車の運転は無理なのである）

この例で用いられた that is は、それまでの内容を明確にする形で言い換えています。that is は、that is to say（すなわち、もっと正確に言うと）と同じ意味です。in short や to summarize とは違い、前文を短く言い換えるという意味をもつわけではありません。

in other words は、それまでの内容を別の言葉で言い換えて、説明

66 ● Step1 文章を組み立てる

し直す**接続副詞句**です。

▶ Japan is an island country. <u>In other words</u>, we are surrounded by the sea.（日本は島国である。<u>言い換えれば</u>、海に囲まれているということである）

to summarize は to 不定詞が文頭に置かれることで、先行する文の内容を要約して述べるつなぎ表現として働きます。

▶ <u>To summarize</u>, we agree with the need for a new plan but disagree with the proposed one.（<u>つまり</u>、私たちは新しい計画の必要性には賛成するが、提案された計画には反対だ）

in short は、それまでの内容を手短に述べるときに用いる**接続副詞句**です。

▶ My flight was delayed, the hotel room had no TV and the restaurant was closed. <u>In short</u>, I had a terrible trip.

（飛行機は遅れるし、ホテルの部屋にテレビはないし、レストランは閉まっていた。<u>要するに</u>、さんざんな旅だった）

in fact には、いくつかの使い方がありますが、その中で、接続副詞句として先行する文との関係を表す使い方のみを紹介します。

まず、前言をふまえてさらに強調する例です。

▶ The lesson didn't interest me and I got so bored listening to what the lecturer was saying. <u>In fact</u>, I do not remember anything. （その授業には興味がわかなかったし、講師の話を聞きながらうんざりしてしまった。<u>もっとはっきり言えば</u>、何を聞いたか思い出せないくらいだ）

次は、前言を訂正して強調する用い方の例です。

▶ My keyboard didn't work properly. <u>In fact</u>, it was broken.

Section 2　話の道筋を明確にする　　**67**

(私のキーボードは上手く作動しなかった。いやそれどころか、壊れていた)

いずれの意味にしても、in fact を含む文は、文中で強調したい部分に用いられることが多くなります。

例題

次の枠内のつなぎ表現から（　）に適切なものを選択して入れ、[ ] 内の語句を用いて英文を作りましょう。複数解答があり得ます。

| in other words　to summarize　that is　in fact　in short |

1. The manager had another appointment on Thursday. (　　　), he had _____
_____.

(部長は木曜日にほかの約束があった。それどころか、彼には、そもそも私たちの第1回目の会合に出席するつもりはなかったのだ)
[intention of, kickoff meeting]

2. How we feel is linked to what and how we think. (　　　), _____. (私たちがどう感じるかは、私たちが何をどのように思考するかということと結びついている。言い換えれば、感情は思考に影響するのだ) [influence]

3. The fact that the president attended the private party is weak evidence that _____
_____ ; (　　　), we cannot impeach him.

（大統領がその個人的なパーティに参加したということは、彼がスキャンダルに関わった証拠としては弱い。要するに、私たちには彼を告発することができないということだ）[in]

4. This _____ but looks rather pretentious. (　　　　　　　), it lacks elegance.

（この建物は、高価な材料を使っているが、けばけばしい。つまり、上品さに欠けている）[materials]

5. What's the hardest part of your school life?　(　　　　　　　), what subject or piece of homework _____ difficulty?

（あなたの学校生活で最も難しい部分はどこですか。言い換えると、科目や宿題で最も苦労するのは何ですか）[you]

例題解答

1. (In fact), he had <u>no intention of attending our kickoff meeting in the first place</u>.

「それどころか」と、前言を訂正して強調する意味をもつのは、in fact です。

2. (In other words), <u>emotions influence thought</u>.

日本語に相当する意味として適切なのは in other words です。前文をもっと正確に言い換えていると捉えれば、that is を用いることも可能です。

Section 2　話の道筋を明確にする　　**69**

3. The fact that the president attended the private party is weak evidence that <u>he was involved in the scandal</u>; (in short), we cannot impeach him.

直前にセミコロンがありますので、（　）内に入るのは接続副詞（句）だと分かります。前文を言い換えていると捉えれば、接続副詞句 in other words も可能です。

4. This <u>building uses expensive materials</u> but looks rather pretentious. (That is), it lacks elegance.

in other words や in short, to summarize も用いることができます。

5. What's the hardest part of your school life? (In other words), what subject or piece of homework <u>gives you the most difficulty</u>?

前文をより正確に言い換えているので、that is も可能です。前文を短く言い換えているわけではないので、in short や to summarize は使えません。

Unit 3　つなぎ表現でパラグラフの構造を明確にする

　Unit 2 では、様々な意味のつなぎ表現を学びましたが、では、**つなぎ表現**は、いったいいつ、どこに置くのがよいのでしょうか。一般に、日本語でも英語でも、直前の文といったん区切られて文頭に置かれる**つなぎ表現**は、区切りがあるぶん意味的な関係がはっきりと際立ちます。逆に、文中に置かれる**つなぎ表現**は、目立たない位置にあるぶん、意味的な関係が補助的なように感じられます。この性質を使って、<u>パラグラフの中で目立たせたい重要な文、例えば主旨文や結論文の文頭につなぎ</u>

70　　● Step1 文章を組み立てる

表現を用いると、構造がはっきりと見えるようになり、読みやすくなります。

　次の日本語の例文を、「しかし」は主旨文の予告、「こうして」は結論文の予告だと思って読んでみましょう。

【起】

導入文：私の大学のゼミでは、複数の外国人学生が参加するので、資料はすべて英語化する決まりがある。

主旨文：しかし、長い英文を作るのは難しいので、結論を明記し、簡潔に箇条書きにしている。

【承】

支持文：資料作成にかかる時間を短縮できるし、読み手が素早く情報を把握できる。

【結】

結論文：こうして、日本人学生・外国人学生の双方に誤解を生みにくくしている。

　文頭に置かれた**つなぎ表現**の助けによって、パラグラフの起・承・結の構成が明確にされているのが分かります。このように構成がはっきりしていれば、「内容を要約せよ」と言われても、どこが重要な文なのかが容易に把握できるので、簡単です。

要約：導入ゼミで英語化される資料は、主旨結論を明記し、箇条書きにするので、結論日本人学生・外国人学生の双方に誤解を生みにくくしている。

　ところでよく見ると、導入文のハイライト部分である「ので」も理由を表しています。もし、これを**つなぎ表現**として文頭に置いて、「私の大学のゼミでは、複数の外国人学生が参加する。だから、資料はすべて

Section 2　話の道筋を明確にする　　71

英語化する決まりがある」と表現したらどうでしょうか。「だから」以降がとても強調され、あたかもこれが書き手の最も言いたい部分であるかのような印象を受けてしまいます。このような読み手の解釈を避けるためにも、文頭に独立して置かれるつなぎ表現は、パラグラフ内の構成の柱となる文に使うほうが効果的です。言い換えれば、文中に埋もれた**つなぎ表現**は、パラグラフ全体の構成の柱となる文以外のつながりを表現するのに使うほうが理に適っているのです。

　では、今以上に**つなぎ表現**を増やしてみたらどうなるでしょうか。

　私の大学のゼミでは、複数の外国人学生が参加するので、資料はすべて英語化する決まりがある。しかし、長い英文を作るのは難しいので、結論を明記し、簡潔に箇条書きにする。①それゆえ、資料作成にかかる時間を短縮できるし、読み手が素早く情報を把握できる。②こうして、日本人学生・外国人学生の双方に誤解を生みにくくしている。

　①と②はどちらも直前の文との論理関係を正しく表しています。しかし、両方に使われたために、どちらにも焦点があたっているように感じられてしまい、読み手にとってはどちらが書き手の言いたかった結論なのか、判断に迷いが生じます。

　そこで、文頭の**つなぎ表現**は「柱となる文に使う」という基本を思い出してください。こう考えれば、多く使いすぎていると感じるときに、どこから優先的に削ればいいか、決めやすくなります。

　むろん、これは絶対的なルールではありません。文章を生業とするプロであれば、もっと様々な手段で美しく洗練された表現をすることでしょう。しかし、そのようなプロの技に頼ることができない一般的な書き手であれば、パラグラフ全体の「読みとりやすさ」を優先して**つなぎ表現**を用いる方がよいでしょう。

72　● Step1 文章を組み立てる

実は、英語でも、**つなぎ表現**の使い方には同様のことが言えます。用いる語によって多少の違いはあるものの、このことは念頭に置いておくと役に立つ知識です。

例題

次の英文のカッコ①〜④にふさわしいつなぎ表現を枠内から選んで入れ、パラグラフの構造を明確にしてみましょう。カッコ内は1語だけとは限りません。

unless   for example   however   in contrast

【起】
背景文：Cost reduction is often assumed to be the most important issue facing our company.

主旨文：(①), there are some expenditures which cannot be reduced; for example, the expenditures related to product development and business strategy development, which are the keys to ensuring future growth. Companies which eliminate such essential expenditures risk failure.

【承】
支持文1：(②), companies X and Y, which are widely believed to have failed because they underinvested in these essential areas. They prioritized short-term profits and did not lay the foundations for long-term growth.

支持文2：(③), company Z continued investing in these essential areas, with an eye to the future and has risen from the 6th to the 2nd place in the industy.

【結】

結論文：(④) we learn from these examples, we could end up making the same mistakes.

例題解答

① However

② For example

③ In contrast

④ Unless

〈訳〉 ···

【起】

背景文：わが社にとって、コストの削減は、最も重要な問題だと考えがちである。

主旨文：<u>しかし</u>、削減すべきではないものもある。それは、将来の成長につながる商品開発や営業戦略に対する投資コストである。そのような重要なコストを削減する会社は、失敗に陥る危険性がある。

【承】

支持文１：<u>例えば</u>、X 社と Y 社は、この分野への投資を軽視し、失敗したと言われている。目先の利益を優先し、長期的な発展につながる布石を打たなかったのだ。

支持文２：<u>それに対して</u>、Z 社は将来を見越して、この分野への投資を続け、今では業界第６位から、業界第２位の座を占めるまでになった。

【結】

結論文：<u>もし</u>、この事例から学ば<u>ないならば</u>、わが社は同じ轍を踏むことになりかねないだろう。

74　● Step1 文章を組み立てる

Section 1 & 2　まとめ

　これで、日本語で思考した内容を英語型のパラグラフ構成にまとめる学習は終了です。お疲れ様でした！できるようになったことを確認して、☑を入れてみましょう。

☐ 英語的なパラグラフの構成が分かった。

Noなら Section 1 へ戻る

☐ 等位接続詞・従位接続詞・接続副詞の文法的な振る舞いの違いが分かった。

Noなら Section 2 Unit 1 へ戻る

☐ どんなときに、どのつなぎ表現を使えばよいか分かった。

Noなら Section 2 Unit 2 へ戻る

☐ つなぎ表現がパラグラフの構造を明確にすることが分かった。

Noなら Section 2 Unit 3 へ戻る

Section 2　話の道筋を明確にする

Section 3

道しるべで文章の構造を明確にする

　英語の文章は、長いものになると、複数のパラグラフから成っています。この場合、「起パラグラフ・承パラグラフ・結パラグラフ」の構成で作られます。通常は、承パラグラフの記述量が一番多く、しばしば複数の承パラグラフをもっています。パラグラフの数が多くなると、互いのつながりが複雑になってきますから、流れを示す標識が必要になります。本書では、学習の便宜上、1つのパラグラフからなる文章を中心に扱っていますが、Section 3 では、この標識を学ぶ都合上、特別に複数のパラグラフから成る文章を扱っています。

Unit 1 　道しるべの使い方

　文章は、複数のパラグラフから成っています。英語の典型的な形式は、次のようなものです。

文章の構成	起パラグラフ Introduction Paragraph	導入文／背景文 Lead	述べようとすることの導入や背景となる文。文章が短い場合、ないこともある。
		文章全体の主旨文 Thesis Statement	文章全体が何を述べようとするのかを示した文。
	承パラグラフ Body Paragraph	パラグラフの主旨文 Topic Sentence	パラグラフ全体が何を述べようとするのかを示した文。

76 ● Step1 文章を組み立てる

		主旨を支持する文 Supporting Sentence	パラグラフの主旨を具体的に説明する文、または主旨の根拠となる文。
	文章の必要に応じて、承パラグラフを複数作る。		
	結パラグラフ Conclusion Paragraph	結論文 Concluding Sentence 短い文章の場合、①、②はないこともある。 時には文章の終わりを飾るための結辞(envoi)が添えられる場合もある。	①文全体の主旨の言い換え、繰り返し。 (restatement)
			②文全体の簡潔な要約 (brief summary)
			③起・承パラグラフの内容から当然に帰結する最終的な結論 (final statement)

　文章は、このようにパラグラフどうしが全体で1つの意味のまとまりを形成していなければなりません。分かりやすいまとまりにするには、あるパラグラフが、他のパラグラフのどこと、どのような関係でつながっているのかを正しく表現する必要があります。それには、パラグラフの冒頭に「まず……」、「次に……」や「以上のように……」などの語句を用いて示します。図で確認してみましょう。

　このような語句を本書では**道しるべ**と呼ぶことにします。道しるべは、しばしばSection 2で学んだつなぎ表現と同じ語が用いられますが、つなぎ表現がパラグラフ内の意味のつながりを表すのに比べて、**道しるべ**は、パラグラフどうしの意味のつながりを表すという機能の違いをもつ

ため、本書では、異なる名称を付けています。

日本語で、**道しるべ**を用いた文章の例を見てみましょう。

【起パラグラフ】

文章全体の主旨文：文書の誤りを見つけるには、紙に出力すること、数回にわたってチェックすること、そして第三者にも見てもらうことです。

【承パラグラフ1】

パラグラフの主旨文：<u>まず</u>、文書ができた段階でいったんプリントアウトして、紙面上で校正します。

支持文：作業中、どこまで確認したかを書き留めておけば、途中で中座しても混乱しません。パソコンの画面上だけで校正すると、どこまで進んだのか分かりにくく、ミスを発見しにくくなります。

【承パラグラフ2】

パラグラフの主旨文：<u>次に</u>、文書の数値に間違いがないか確認します。

支持文：数字に間違いがあると、大きな決断ミスや損害にもつながりかねませんので、優先順位が高いと言えるでしょう。

【承パラグラフ3】

パラグラフの主旨文：<u>それから</u>、誤植や句読点などを確認し、必要に応じて修正します。

支持文：一度目のチェックで見逃しがないか、再確認しましょう。

【承パラグラフ4】

パラグラフの主旨文：<u>さらに</u>、第三者にも見てもらい、ダブルチェックを行います。

支持文：自分で作った文書だと、何度見ても間違いに気づかない場合がありますが、他人なら、情報を鵜呑みにせず、新鮮な目線で読むことができます。文書の校正に関わった人には、担当したページを書き、署名と日付を入れて、責任所在を明らかにしてもらいます。責任があると思うと、人は真剣にチェックします。

【結パラグラフ】

> 結論文：このように、いくつかの手順を経れば、効果的に間違いを減らすことができます。

　道しるべが文章の「起パラグラフ・承パラグラフ・結パラグラフ」のつながりを分かりやすくしていることを次の図で確認してください。

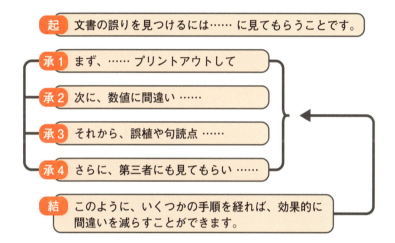

　承1〜承4パラグラフの「まず」、「次に」、「それから」、「さらに」は並列の関係で、情報の順番を整理して示しています。結パラグラフの「このように」は、これら4つの承パラグラフすべてを指しています。このように、**道しるべ**は、パラグラフどうしの関係を表すことで、情報を分かりやすく整理するだけでなく、立体的に表現することを可能にします。

　道しるべを置く場所は、できるだけ各パラグラフの冒頭が望ましいと言えます。**道しるべ**は、実際にはつなぎ表現としばしば同じ語句を用いるため、文中に置くと、混同しやすいからです。

例題

下記は、本文の日本語を英訳したものです。（　）①〜⑤に適切な道しるべを枠内から選んで入れましょう。

In addition　To sum up　First　Then　Second

【起パラグラフ】

文章全体の主旨文：To find errors in a document, print it out, check it over several times, and let others check it as well.

【承パラグラフ1】

パラグラフの主旨文：(①), print out your completed document for proofreading.

支持文：As you are going over it, make a note of how far you have proofread so that you do not get confused when coming back from a break. Proofreading on the computer is not conducive to finding mistakes because it is hard to see how far you have checked.

【承パラグラフ2】

パラグラフの主旨文：(②), check the figures in your document.

支持文：Since a mistaken figure may lead to a serious error in the decision-making process or to a business loss, it is fair to say that having accurate figures is a priority.

【承パラグラフ3】

パラグラフの主旨文：(③), check for little errors in spelling, punctuation, and so forth, and correct them when necessary.

支持文：Doublecheck your document to make sure you didn't

miss any errors the first time.

【承パラグラフ4】

パラグラフの主旨文：(④), have others double-check your work.

支持文：It is easy to overlook mistakes in your own document, whereas others are reading with a fresh pair of eyes, and are less likely to take the information for granted. Ask the proofreader to write down the pages he or she has examined and to sign and date the document in order to clarify who was responsible for the proofreading. A person who consciously assumes responsibility always works more diligently.

【結パラグラフ】

結論文：(⑤), taking certain steps can help you effectively reduce the number of errors in a document.

例題解答

① First

② Second

③ Then

④ In addition

⑤ To sum up

Section 3　道しるべで文章の構造を明確にする　81

Unit 2　いろいろな道しるべ

　次の一覧表は、英語で文頭に置かれて、**道しるべ**として用いられることの多い語句を示したものです。

関係性	道しるべとして用いられる語句
1. 導入	initially, first of all, in the first place, to begin with, to start with, for a start（まず初めに）
2. 順序づけ	first（最初に）second（2番目に） finally, lastly（最後に） next（次に）then（それから）subsequently（続いて）
3. 転換	to change the topic（話を変えると） by the way（ところで）
4. 焦点化	above all（とりわけ） more importantly（より重要なのは） most importantly（最も重要なのは）
5. 想起	to get back to the point（話を論点に戻すと） to return to the subject（本題に戻ると）
6. 要約	to be brief, to put it briefly, to summarize, in summary, in sum, to sum up（要約すると） in short（手短に言えば、要するに）
7. まとめ	overall, altogether（全体的に見て、概して） on the whole（大体、概して） to conclude（結論を言えば、要するに） in conclusion（最後に、要するに）

　表の語句は、必ずしも文頭のみで用いられるわけではありませんが、いずれも次の例のように、文頭に置かれた場合に、先行するパラグラフとの関係を表すことのできる語句です。

▶ <u>To start with</u>, I would like to explain the purpose of this meeting.（まず初めに、この会議の目的を説明したいと思います）

　例題で使い方を練習してみましょう。

82　　● Step1 文章を組み立てる

例題

下線部に、日本語の意味にあった適切な道しるべを枠内から選んで入れましょう。

| Most importantly   Next   Altogether   To return to the subject |

1. We have considered the financing of the company so far. _____ , we have to prepare a financing plan to negotiate with the banks.
(今までは、会社の財務状況について考えてきました。次に、銀行との交渉のための財務計画を準備しなければなりません)

2. _____ , we need a better public health insurance system.
(もっとも重要なのは、私たちには、よりよい公的健康保険制度が必要であるということです)

3. _____ , let me tell you what we have to do in the next two months.
(本題に戻って、次の2カ月にしなければならないことについてお話させてください)

4. _____ , we think that two factors contribute to the differences in income distribution.
(まとめると、所得配分の差には2つの原因があると思います)

Section 3　道しるべで文章の構造を明確にする

例題解答

1. Next

2. Most importantly

3. To return to the subject

4. Altogether

Section 3　まとめ

　これで、道しるべの学習は終了です。第1ステップを終えて、英語の文章の組み立て方は理解できましたか？できるようになったことを確認して、✓を入れてみましょう。

□ 道しるべとつなぎ表現の違いが分かった。

　　　　Noなら Unit 1 へ戻る

□ 道しるべの使い方が分かった。

　　　　Noなら Unit 1& Unit 2 へ戻る

84　　● Step1 文章を組み立てる

Step 2

パラグラフを論理的にする

良いパラグラフを書くには、ただ単に起・承・結の形にし、主旨文と支持文を含めばよいというわけではありません。この形を使いながら、話の流れに説得力をもたせ、論理的に運んでいかなければなりません。第2ステップでは、「論理的であることを求められるパラグラフとはどのようなものか」を知り、次に、「どうすればパラグラフを論理的に書けるか」に焦点をあてて学んでいきます。

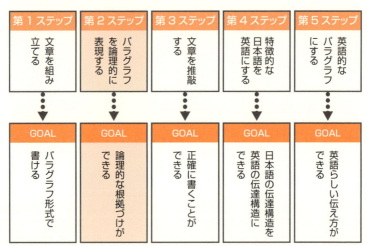

第2ステップ 目次

Step 2　パラグラフを論理的にする

Section 1　パラグラフの種類
Unit 1　文書の種類と根拠づけの方法
Unit 2　「記録・報告形式」は、伝わりやすく整理する

Section 2　論理的なパラグラフとは
Unit 1　「事実を述べるパラグラフ」と「主張を伝える
　　　　パラグラフ」の違い
Unit 2　英語的な「論理」とは
Unit 3　主観と客観を区別する
Unit 3-1　主張（主観）を識別する
Unit 3-2　根拠（客観）を識別する
Unit 4　「分析形式」は、主張の正しさを裏付ける

Section 3　真偽判断ができない主張とは
Unit 1　価値主張をする文を識別する
Unit 2　価値主張の根拠となる文を識別する
Unit 3　「説得・論説形式」は価値判断を裏付ける

Section 4　信ぴょう性の高い根拠づけとは
Unit 1　演繹的な根拠づけ
Unit 2　帰納的な根拠づけ
Unit 3　「提案形式」は、予測の正しさを裏付ける

Section 1

パラグラフの種類

　実社会には、報告書、分析書、提案書など、様々な文書形式が存在しています。パラグラフは、それらの文書を構成する要素であり、望ましい書き方は、目的によって異なります。目的によっては、筋道を論理立てて書き進める必要性が出てきますので、まずはどのようなパラグラフがそのようなものに該当するのかを、文書の特徴ごとに分類して理解しましょう。

Unit 1　文書の種類と根拠づけの方法

　報告書、分析書、提案書などの目的をもった文書は、現実には、伝達媒体（電子メール、プレゼンテーションなど）ごとに、文体（口語体、文語体など）に大きな違いがあります。もっと言えば、広告宣伝文書などでは、そもそもキャッチコピーと写真しかなく、パラグラフ形式をもたない文書も存在します。しかし、本書では、このような媒体ごとの文体の違いを取り上げるのではなく、あくまで多くの文書に共通する、思考の伝達方法としてのパラグラフの書き方に集中して取り組むことにします。

　さて、パラグラフには、その主旨に単に事実のみを含むものと、書き手の主張（主観）を含むものとがあります。論理立てて書き進める必要があるのは、後者です。それは、書き手の主張を読み手に「なるほど、もっともだ」と納得してもらうために、論理的に根拠付ける必要があるからです。この2つの違いをさらに分かりやすくするため、一般的によく用

88　　● Step 2 パラグラフを論理的にする

いられる文書形式を、便宜上次の 1 ～ 4 に区別して説明しましょう。

1. **報告書や説明書など**　事実を伝達することが主旨なので、書き手の主張は含まれない。
   ➡根拠づけは不要。

2. **調査・分析書など**　　「2018 年度のセンター試験は難易度が高かった」などの主張が含まれる。
   ➡「過去 5 年間のセンター試験の平均点より 100 点も低かったからだ」など、原因となる事実やデータで根拠付ける。

3. **提案書など**　　「生徒の遅刻を減らすためにタイムカードを採用すべきだ」などの主張が含まれる。
   ➡「複数の他校がこの方法によって生徒の遅刻を減らした」など、効果が出た例やデータによって根拠付ける。

4. **意見書など**　　「この携帯電話の機種が使いやすい」という価値判断的な主張が含まれる。
   ➡根拠には、「今の機種より軽い」とか「今の機種より画面が大きい」などの利点となるデータで根拠付ける。

　このように区別してみると、2 と 3 の文書の特徴は、書き手や読み手の価値観に関わらず、主張の真偽の程度がおおよそ判断できることです。この点では、科学論文の書き方と似ています。しかし 4 は、主張を含むといっても、他と性質が異なることに注目してください。「使いやすい」という主張は、書き手の価値観からくる意見ですから、客観的な真偽の判断は不可能です。例えば、「使いやすい」根拠として、「軽い」とか、「画面が大きい」などの読み手の価値観にかなうようなデータで根拠付けたとしても、「軽すぎる」とか、「画面は小さいほうがいい」とか反論されれば、それまでです。つまり、主張には、論理的に根拠付けようとしても、その論理性に対して、真偽判断のできるものと、そうで

Section 1　パラグラフの種類　　**89**

ないものがあるのです。

上記の文書タイプを、主張と根拠づけの方法によって区別してみると、次の３種類があることになります。

文章の形式と文書タイプの例	主張	根拠づけの方法
1. 記録・報告形式 　報告書　記録書 　手順書 　機能・構造説明書	事実を伝達するのみ。	事実を整理して伝えるのみ。必要に応じてデータの引用先を明示する。
2. 分析・提案形式 　調査書　経緯説明書 　動向説明書 　業務改善提案書 　計画書	事実の分析結果の正しさや、提案内容の正しさを主張する。	事実やデータで論理的に根拠付ける。
3. 説得・論説形式 　意見書　商品企画書 　商品宣伝紹介書 　感想文	価値があることを主張する。	読み手の利益や価値観に沿ったデータを並べる。

> ＊実際の文書は、たいてい複数のパラグラフから成り立っていますから、あるパラグラフが**分析・提案形式**で、別のパラグラフが**説得・論説形式**だという場合もあると思われますが、分かりやすくするために、区別して示しています。

　厳密にいえば、「論理的に書く」とは、主張の真偽の判断が可能であるようにパラグラフを書き進めることだと考えられますが、一般的な文書は科学論文ではありませんので、常にそのように書くことは不可能です。したがって、説得力のある根拠づけがあれば、それを「論理的である」とみなしてよいでしょう。

　ただし、「説得力がある」という感覚は、日本語でパラグラフを書く場合と、英語でパラグラフを書く場合では、やや異なります。この違いは後ほど学ぶことにし、本セクションでは、論理的な根拠づけの必要性

のない、「記録・報告形式」のパラグラフの書き方を次のユニットで確認して、理解の仕上げとしましょう。

Unit 2 　「記録・報告形式」は、伝わりやすく整理する

　「記録・報告形式」型の文書は、事実を伝えることが目的ですから、論理的な根拠づけは不要です。そのかわり、主旨で述べた概要を支持文で詳細に述べる必要があるため、伝わりやすいように工夫して書かなければなりません。工夫の典型の1つとして、事実を「**比較・対照**」しながら述べる方法がありますので、これを用いながら、パラグラフの書き方を確認していきましょう。

　パラグラフのテーマは、「日本を知らない外国人に、日本の代表的な都市である東京と大阪の電車の事情を200字程度で伝えること」にしましょう。まずアウトラインから作ってみます。

【起】1〜2文
主旨文　：東京と大阪の電車の事情を説明する。

【承】5〜6文
支持文1：東京の例　　　　東京の例を2〜3文で書こう。電車の本数やエスカレーターの使い方にしよう。

支持文2：大阪の例　　　　大阪の例も2〜3文で書こう。ラッシュアワーの混雑についてにしよう。

【結】1〜2文
結　論　：日本を初めて訪れる外国人にも違いが見て取れる。

　こうしてみると、東京と大阪の電車の使い方を、ただ列挙して書くだけでは、印象に残りにくいものになりそうです。そこで、2大都市の性格が分かりやすいように、対比して整理し直してみます。

Section 1　パラグラフの種類　　91

東京の電車の使い方	大阪の電車の使い方
● 東京の電車は頻繁にくるので、時刻表がいらない。 ● 朝のラッシュアワーのピークは、7時から9時半あたりである。 ● 東京の電車は大阪より混雑している。 ● 東京では、他の人が追い越せるように、エスカレーターの左側に立つ。	● 大阪では、電車の本数が東京ほど多くない。 ● 朝のラッシュアワーのピークは、7時から9時半あたりである。 ● 大阪の電車は東京ほど混雑していない。 ● 大阪では、他の人を通過させるのに、エスカレーターの右側に立つ。

では、これをパラグラフ形式にしてみましょう。

【起】

主旨文　：東京と大阪では、電車事情が明確に異なります。

【承】

支持文1：東京の電車は頻繁にくるので、時刻表がいらないほどです。東京と比べれば、大阪では、電車の本数がそれほど多くありません。

支持文2：朝のラッシュアワーのピークはどちらの都市でも7時から9時半の間のあたりですが、東京の電車のほうが混雑しています。

支持文3：東京では、乗客は、他の人が追い越せるように、エスカレーターで左側に立ちます。いっぽう、大阪では、他の人を通過させるのに、右側に立ちます。

【結】

結論文　：これらの違いは、初めて日本を訪れる外国人にでも、容易に見て取れます。

　「事実を伝えるパラグラフ」の支持文には、論理的な根拠づけが不要だといっても、この例のように、事実をうまく整理して述べる必要性があることには、留意が必要です。

92　　● Step 2 パラグラフを論理的にする

例題

1. 本文で学んだ東京と大阪の電車の使い方の違いを参考にして、[ ]内の語句を用いながら英語で比較・対照をしてみましょう。

Tokyo	Osaka
●	●
●	●
●	●
●	●

[The frequency of trains, morning rush hours, crowded, stand on the left, people in Tokyo, Trains in Osaka]

2. 整理した内容をもとに、次のアウトラインに従って、下線部を埋めましょう。（ ）内には、適切なつなぎ表現を入れましょう。1語とは限りません。

【起】
主旨文 ： There are clear differences in rail transport between ＿＿＿＿ and ＿＿＿＿.

【承】
支持文1： ＿＿＿＿＿＿＿＿＿＿＿＿ in Tokyo is very high,
（　　　　　） time tables are hardly necessary.（　　　　　）

Section 1　パラグラフの種類　93

Tokyo, the trains in Osaka run less frequently.

支持文 2：The morning rush hours peak at somewhere between 7:00 and 9:30 in both cities, but the trains in Tokyo are

_____ than those in Osaka.

支持文 3：Passengers in Tokyo stand

_____ on escalators, allowing other people to

overtake them. (   ), passengers in Osaka

stand _____ to let other people pass by.

【結】

結論文：These differences can be easily noticed even by foreigners on their visit to Japan.

例題解答

1.

Tokyo	Osaka
● The frequency of trains in Tokyo is very high. Time tables are hardly necessary.	● Trains in Osaka run less frequently.
● The morning rush hours peak at somewhere between 7:00 and 9:30.	● The morning rush hours peak at somewhere between 7:00 and 9:30.
● Trains in Tokyo are more crowded.	● Trains in Osaka are less crowded.
● Passengers in Tokyo stand on the left on escalators, allowing other people to overtake them.	● Passengers in Osaka stand on the right to let other people pass by.

94　● Step 2 パラグラフを論理的にする

2.

【起】

主旨文：There are clear differences in rail transport between Tokyo and Osaka.

【承】

支持文1：The frequency of trains in Tokyo is very high, (so) time tables are hardly necessary. (In contrast with) Tokyo, the trains in Osaka run less frequently.

支持文2：The morning rush hours peak at somewhere between 7:00 and 9:30 in both cities, but the trains in Tokyo are more crowded than those in Osaka.

支持文3：Passengers in Tokyo stand on the left on escalators, allowing other people to overtake them. (On the other hand), passengers in Osaka stand on the right to let other people pass by.

【起】

結論文　：These differences can be easily noticed even by foreigners on their visit to Japan.

Section 2

論理的なパラグラフとは

　Section 1 では、パラグラフには、事実のみを伝えるものと、論理的に書き進める必要があるものがあることを確認しました。Section 2 では、「論理的に書き進める必要があるパラグラフ」の具体例を見ながら、実際に論理的に書く方法を学びます。

Unit 1　「事実を述べるパラグラフ」と「主張を伝えるパラグラフ」の違い

　パラグラフを、「事実のみを伝えるタイプ」と「書き手の主張を伝えるタイプ」に区別しなければならない理由は、事実のみを伝える場合と、主張を伝える場合では、書き方に大きな違いがあるからです。前者のタイプでは、事実を整理して述べればよいのに対して、後者のタイプでは、主張を論理的に根拠付けながら書かねばなりません。つまり、同じ主旨文と支持文であっても、書き方が違うのです。2つのタイプの文例を比較してみましょう。

事実のみを伝えるパラグラフ
【起】
主旨文：このサイトでは、野菜の旨みを引き出すさまざまな料理を紹介しています。
【承】
支持文：一口に野菜と言っても、葉を食べるものと根を食べるものでは、調理方法も変わってきます。このサイトでは、それぞ

96　● Step 2 パラグラフを論理的にする

れの素材の特徴を生かしながら、短時間で作れるおかずや、肉と合わせたボリュームのあるおかずのレシピを検索できます。また、下ごしらえはもちろん、味付けや盛り付けなど、料理のコツも映像で確認できるようになっています。

【結】

結論文：情報はすべて無料なので、毎日の献立作りにご活用いただけます。

　この例からは、事実のみを伝える場合、主旨文では「これから述べようとする事実の概要」を述べ、続く支持文では「事実の詳細を説明する」だけでよいということが分かります。

　ところが、書き手の主張を伝える場合は、書き方が違ってきます。次の例を見てください。

書き手の主張を伝えるパラグラフ

【起】

主旨文：携帯電話の普及は、家族の在り方を変化させた。

【承】

支持文：携帯電話は、どこにでも持ち運べ、他人の管理や制限なしに使用することが可能だ。若者は、親の管理の行き届かない場所で、自分の友人と通話するようになった。彼らは自分たちだけの世界で多くの時間を過ごし、親は子供たちのやり取りを把握できなくなっている。

【結】

結論文：結果、家族どうしで共有されない情報が増え、家族のつながりが希薄なものになってきている。

Section 2　論理的なパラグラフとは　　**97**

主旨文で述べている、「携帯電話の普及は、家族の在り方を変化させた」は、書き手が伝えようとする主張です。これを読み手に納得してもらうために、続く支持文では、その根拠を示していることに注目してください。このパラグラフが、どのような論理で結論文を導いているのか、図で確認してみましょう。

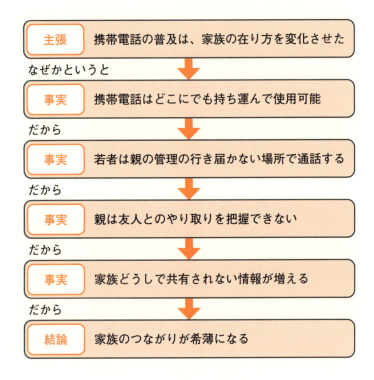

　結論に至るまでに、いくつもの事実で根拠付けているのが分かります。全体の構成を表で確認してみましょう。

書き手の主張を伝えるタイプのパラグラフ構成	
起	主旨文…… 書き手の主張、つまり<u>主観</u>を述べた文。
承	支持文…… 書き手の主張を根拠付ける文、つまり<u>客観性の高い事実</u>。
結	結論文…… 根拠をもとにして得た結論。

　このように、書き手の主張を伝えるパラグラフでは、主旨文では主張、つまり主観が述べられます。それに対して支持文は、主張に信ぴょう性をもたせる役割を果たさなければなりません。それに必要なのが、客観性の高い事実や調査データです。したがって、書き手が論理的に結論を導こうと思えば、どの文が主観で、どの文が客観性の高い事実やデータなのかを明確に区別して用いなければなりません。ただし、このような書き方を好むのは英語であり、日本語ではあまり馴染みがありません。そのため、英語的な「書き手の主張を伝えるタイプのパラグラフ」は、特に重点的に学ぶ必要があるのです。

Unit 2　英語的な「論理」とは

　英語では、主張を伝えるパラグラフを書く場合、その正しさを論理的に説明しなければなりません。それでは、ここでいう「論理的」とはいったいどのようなものでしょうか。その答えは、「演繹的」であることです。

　演繹とは、正しい規則を根拠として、それを個別の事例に適用することで結論を導く思考方法です。例を見てみましょう。

> 正しい規則：Ｔ社の課長なら年収は750万円以上である。
> 適用事例　：川村さんはＴ社の課長である。
> 結　　論　：川村さんの年収は750万円以上である。

Section 2　論理的なパラグラフとは　　99

演繹の特徴は、規則が正しく、適用が正しいなら、結論は必ず正しくなることです。この例を、英語のパラグラフ構成の順に書き換えてみましょう。

> **主旨文**：川村さんの年収は 750 万円以上である。
> **支持文**：川村さんは T 社の課長である。そして、T 社の課長なら年収は 750 万円以上である。
> **結論文**：だから、彼の年収は 750 万円以上である。

この結論の正しさに反論できる人はいないでしょう。これが演繹です。もちろん、現実社会では「100％正しい規則」など、そうそう都合よく見つかりませんので、「必ず正しい結論」を出せるわけではありません。しかし、英語では、このような演繹的な思考プロセスを経て結論を出すことが「論理的」であり、望ましいと考えられているので、パラグラフの書き方にもそれが色濃く反映されているのです。

次の例は、必ずしも正しくない規則を適用して結論を出した例です。

> 正しいとは限らない規則 1：大手企業は年収が高い。
> 正しいとは限らない規則 2：大手企業は年功序列で給与額が高くなる。
> 事例：川村さんは大手企業に勤めており、すでに 40 代前半である。
> 結論：川村さんの年収は 750 万円以上である。

この例を、英語のパラグラフ構成の順に書き換えてみましょう。

> **主旨文**：川村さんの年収は 750 万円以上である。
> **支持文**：なぜなら、川村さんは大手企業に勤めており、すでに 40 代前半である。大手企業は年収が高いし、年功序列で給与額が高くなる。
> **結論文**：だから、彼の年収は 750 万円以上である。

支持文に必ずしも正しいとは言えない情報を使ってしまったため、この結論は正しいとは限りません。このような書き方は、英語の好むところではありません。英語には、可能な限り「主張」を「事実」によって支持することで、正しい結論を導くという理想形があるのです。そのため、よい英文を書くためには、自分が書こうとする文が、主観なのか、事実なのか、あるいは、単なる傾向にすぎないことなのかを明確に区別して用いる必要があるのです。

Unit 3 主観と客観を区別する

このユニットでは、英語で「主張を伝えるパラグラフ」を論理的に書くために、文を見て、それが主観なのか、客観的事実なのかを区別する練習をしていきましょう。

Unit 3-1 主張（主観）を識別する

文中において、書き手の主張を述べた文がどれなのかは、どのように読み取れるのでしょうか。ここでいう**主張**とは、パラグラフの**主旨文**の中に示される、事実または読み手との合意事項以外のもののことです。いくつか例を見てみましょう。ここでは前後の文脈は考えず、1文の意味だけに集中してください。

1. 2015 年度の池袋店の売上実績の詳細を整理して紹介した。
2. 日本人は英語が苦手である。
3. 資源節約のためにリサイクルを進めるべきである。
4. 新製品は多くのユーザーから支持された。
5. 私は音楽を聴きながら仕事をするのが好きではない。

1は事実のみを含んでいますから、**主張**（主観）ではありません。

2の「日本人は英語が苦手である」は、断定調ですが明らかに反例があり、日本人すべてにあてはまる事実ではありません。したがって、こ

Section 2 論理的なパラグラフとは **101**

れは**主張**（主観）です。3は、述語に「べきである」という主観を含む**主張**です。4の「多くのユーザーから支持をされた」は、客観描写のように聞こえますが、「多く」かどうか、そして「支持をされた」かどうかは、読み手にとっては信頼性の高いデータを提示されるまで不明なので、この文だけでは**主張**（主観）に過ぎません。5の「好きではない」というのは個人の感覚に属する述語ですから、これは主観です。

　こうしてみると、事実と主張の定義は、およそ次のようなものだと分かります。

事実：実際に起きている、または既に起きた出来事のことである。

主張：

1. 述部や修飾部に主観的な表現があるものは主張である。
2. 断定調であっても、読み手にとって事実として確認されていないものは主張である。
3. 個人の好みは個人に属する感情的なものだが、そう感じる根拠や理由を述べる必要があるという点では、主張と似ている。

　3番目は、日本人なら「え？好きなんだから好きではだめなの？」と意外に思いそうですが、英語では、好みや感情は、何らかの外部環境との関わりによってもたらされるものだと考えていますから、とくに文章に書く際には、なぜそう感じるのかという根拠が必要とされるのです。

　主張をする文（以下主張文と呼ぶ）とは何かを、より具体的に、表現レベルで確認してみましょう。

主張文とは	日本語	英語
1. 文に主観的な副詞や形容詞を用いるもの	優秀である、容易だ、素晴らしく、など	excellent, easy, nicely など

102　● Step 2 パラグラフを論理的にする

2. 動詞に主観が含まれるもの	思う、感じる、欲しい、など	think, feel, want など
3. 述部に主観や推論が含まれるもの	するべきだ、〜でなければならない、らしい、だろう、に違いない、かもしれない、など	should, must, may, might, can, could などの法助動詞
4. 断定調であっても読み手の合意を得られていないもの	問題が起きている、彼は支持されている、など一見事実描写に見える文	There is an issue, He is supported by 〜など一見事実描写に見える文。
5. 感情を表す述語を用いるもの	好む、嫌う、など	like, hate, dislike, prefer

> *なお、人の生体的な反応である知覚「寒い、痛い、熱い、気づく、見る、においがする」などの述語は、ほぼ事実であると前提できるので、その理由を示す必要はありません。

　ここでは、できるだけ客観的な文と主観的な文が区別しやすい例を挙げましたが、実際には、主観のように聞こえる内容でも、読み手が合意しているという前提があれば、それは客観的根拠として用いることができます。厳密にいえば、文章において主観か客観かの区別は、読み手のもつ知識状態に依存します。

例題

次の文が主張・事実・個人の感情のどれにあたるかを指摘しましょう。判断に迷うものは、その理由を書き出してみましょう。

1. The Tokyo gubernatorial election was held on July 11th.

2. Natural disasters can occuer at any time.

3. When constructing buildings, it is necessary to meet building coverage ratios and height restrictions.

4. Telecommuting is a choice of working style.

5. In Japan, it was believed that land prices would rise over time.

6. The number of languages in the world is falling rapidly.

7. Due to their generous welfare system, Scandinavians have not traditionally had to save a lot.

8. Ideas should be free, not bound by rules.

9. I want to set up a coffee shop customers will love.

10. I don't like people who answer vaguely, whether at work or in their private lives.

11. People who are not good at writing have certain traits in common.

12. Communicating in English is unavoidable in this globalizing world.

例題解答

1. 事実
訳：7月11日に東京都知事選挙が行われた。
実際に過去に起こったことを述べています。

2. 事実
訳：自然災害は、いつでも起こり得るものだ。
常に発生し得る事実を述べています。

104　● Step 2 パラグラフを論理的にする

3. 事実

訳：建物を建築する際には、建蔽率や高さ制限をクリアしなければならない。

法律で定められた内容です。

4. 事実

訳：在宅勤務は、働きかたの選択肢の1つである。

在宅勤務は、働きかたの一例ですから、事実です。

5. 読み手に背景知識がなければ主張。

訳：日本では、土地は、時間が立てば値上がりすると思われていた。

厳密にいえば、これが事実かどうかは、読み手の知識状態に依存します。世論調査などの客観的資料を提示できれば事実といってもよいでしょう。

6. 読み手に背景知識がなければ主張。知っている人にとっては事実。

訳：地球上にある言語は、急速にその数を減らしている。

言語学者であれば、知っている内容なので事実といえます。知らない読み手にとっては、データによって確認できるまでは事実かどうか分かりませんので、主張に聞こえるでしょう。

7. 客観的資料があれば事実。読み手の知識状態に依存する。

訳：北欧諸国の人々は、充実した福祉制度があるため、これまであまり貯蓄の必要がなかった。

客観的資料を提示できれば事実といってもよいでしょう。読み手が北欧の福祉制度を知らなければ、主張に聞こえるでしょう。

8. 主張

訳：発想は、ルールにとらわれず、自由であるべきだ。

「〜べきだ」という書き手の主観を含んでいます。

9. 個人の感情

訳：顧客に愛される喫茶店を作りたい。

個人の気持ちを表現しており、相手を論理的に説得する必要があるタイプの主張とは異なりますが、パラグラフの主旨にするなら「なぜ作りたいのか」という理由を添える必要があります。ただし、個人の感情を文章の主旨として述べるのは、エッセイを書くときに多く、本書の扱う文書タイプからは外れます。

10. 個人の感情

訳：仕事でもプライベートでもあいまいな返事をする人は好かない。

これも本書の扱う文書タイプからは外れます。

11. 主張

訳：文章を書くことが苦手な人には共通点がある。

書き手が「共通点がある」と断定したとしても、一般の読み手の合意があることではありません。

12. 主張

訳：グローバル化の進む世界で、英語による意思疎通は避けられない。

「避けられない」という断定調で書いてあっても、ただちに事実とは判断できません。例えば、「英語でなくても、多言語機械翻訳によって意思疎通ができる」という反論も容易に思い付くことからも分かります。

 **Unit 3-2　根拠（客観）を識別する**

　根拠とは、パラグラフの主旨文で述べた主張に対する支持のことです。主張を読み手から「なるほど、その通りだ」と納得してもらうには、適切な根拠を用いなければなりません。そのため書き手は、どのような根拠が有効なのかを理解しておく必要があるのです。

　まず前提として理解しておきたいのは、「事実のみを伝えるパラグラフ」の主旨文には、書き手の主張（主観）は含まれません。そのため、根拠を用いて支持する必要はなく、代わりに、次の例のように事実を用いた詳細説明が述べられるだけです。

> **主旨文**：昨夜の地震で事務室の本棚からすべてのファイルが落下し、一部が破損したことを報告する。
> **支持文**：落下したのは 120 冊で、ファイルの破損は半数を超える。

　それでは、「主張を伝えるパラグラフ」の主旨文の支持に用いることができる根拠とは、どのようなものでしょうか。例を確認しながら見ていきましょう。ここでは前後の文脈は考えず、1 文の意味だけに集中してください。

> **主旨（主張）**：この施設では、擦式消毒用アルコール製剤を常備しなければならない。

　上記の主張に対して、考えられる根拠を列挙してみましょう。

> **人の意図が関わらないタイプの根拠**
> ▶ 真理：アルコールには殺菌効果があるから。
> ▶ 原因：集団感染を予防するため。
>
>

社会の多数の構成員の意図が関わるタイプの根拠
- ① 一般社会のルール：法律でそう決まったから。
- ② 一般社会の知識：多くの人がそうすることが望ましいと認識していることが調査で分かっているから。
- ③ 一般社会の慣習：長年多くの施設で常備している例があるから。
- ④ 一般社会の行動・判断・価値観の傾向：最近、公的施設の衛生向上が叫ばれているから。

社会の一部の構成員の意図が関わるタイプの根拠
- ① 組織のルール：施設のルールとして決まったから。
- ② 組織の知識：多くの施設利用者がそう望んでいることがアンケートから分かっているから。
- ③ 組織の慣習：長年施設でそうし続けてきたから。
- ④ 組織の行動・判断・価値観の傾向：利用者にとって衛生的で安心な施設を目指しているから。常備すると製剤業者が無料で搬入してくれるから。

個人の構成員の意図が関わるタイプの根拠
- 個人の行動・判断・価値観の傾向：自分がアルコール製剤会社から謝礼をもらえるから。

これらの根拠は、いずれも「事実」を述べています。しかし、質的には同じではありません。まず、大まかに、上から下へ行くに従って、公共性の度合いが低くなっています。読み手を説得できるような文書にしたいのであれば、特定の個人のみにメリットがある「自分がアルコール製剤会社から謝礼をもらえるから」というような根拠では、不適切でしょう。

英語において好んで用いられる根拠は、単に事実であるだけでなく、反論が難しいような客観性の高いものである必要があります。では、どのようなものが適切で、また、どのようなものに注意が必要なのかを、もう少し例を見ながら、順を追って確認していきましょう。

根拠の種類	説明と用例
1. 真理	科学的に不変の現象だと証明されていること。 ➡主張：今日は氷を張るために、水を入れたバケツを外に置こう。 　根拠：今日は氷点下だから。
2. 原因	客観的なデータや調査から判明している直接的・間接的な原因。統計的に有意な相関性がある原因。 ➡主張：すべての学童には、外から教室に入るときに、うがいをさせるべきだ。 　根拠：うがいで風邪が予防できる。

　1と2は、人の意図に関わらない科学的な根拠に類するものです。これを用いれば、客観性の高い主張になります。英語では、このような根拠を用いて結論を出すことを非常に好むと言えるでしょう。

　次の根拠3と4は、比較的客観性が高く、英語において好まれやすいものだと言えます。

根拠の種類	説明と用例
3. 一般社会のルール	明文化された法律や契約事項など。 ➡主張：店舗に一人薬剤師を常駐させねばならない。 　根拠：法律でそう決まったから。
4. 一般社会の知識	調査や繰り返される現象によって一般に知られていること。 ➡主張：市で、夏の花火大会を開催すべきだ。 　根拠：多くの人は花火大会を楽しむと知られているから。

Section 2　論理的なパラグラフとは　　109

次の根拠5は、同じ社会に属する構成員ならたいてい知っているような「常識」のことですが、異なる文化をもつ国の読み手に対しては、根拠として理解されづらい可能性がありますので、場合によっては適切な根拠ではありません。

根拠の種類	説明と用例
5. 一般社会の慣習	常識。長年にわたる慣習。 ➡主張：葬儀には、お香典をもっていく必要がある。 　根拠：お香典は社会的な慣習だから。

　次の根拠6の使用には、注意が必要です。

根拠の種類	説明と用例
6. 一般社会の行動・判断・価値観の傾向	一般社会には、集団としての目的・欲求・理解度・知覚・感情などがある。これが集団の行動・判断・態度の傾向となって表れる。この傾向のこと。 ➡主張：障がい者の雇用を促進する法律を整備すべきだ。 　根拠①：障がい者の雇用促進は賛同されやすいから。 　根拠②：障がい者の自立によって、補助金が節約できるから。 　根拠③：障がい者は、手助けすべきだから。

　例えば主張「障がい者の雇用を促進する法律を整備すべきだ」に対して①〜③のような根拠を考えてみましょう。①の「障がい者の雇用促進は賛同されやすいから」は、一般社会の人々の行動の傾向を根拠にしたもので、②の「障がい者の自立によって、補助金が節約できるから」は一般社会の人々の判断の傾向を根拠にしたものです。根拠③の「障がい者は、手助けすべきだから」は、一般社会の人々の道徳的な態度、つまり価値観を根拠にしています。どれも一見根拠として妥当なようにみえますが、実は、そのまま用いるには問題があります。私たちは、世間で聞き及んでいることを普通だと考えてしまい、それを当然視することがよくあります。しかし、それは実際には自分たちの住む狭い範囲の中で

110　● Step 2 パラグラフを論理的にする

の傾向にすぎず、読み手の理解する現実とはかけ離れている可能性が否定できません。文化の異なる相手どうしであれば、書き手が思うところの「一般社会の人々の傾向」を有効な根拠にできるかどうかは、なおさら疑わしいでしょう。これらを根拠として用いるためには、できるだけその事実性を統計データなどで裏付けて、読み手の背景知識を十分推し量ることが必要なのです。

　さて、次の7～10は、「一般社会の人々」よりも人数が少ない、「組織の人々」の考えを根拠の種類ごとに分けたものです。ここでの「組織の人々」とは、例えば特定の会社や学校、自治会といった組織に属する人々です。

根拠の種類	説明と用例
7. 組織のルール	明文化された社則、契約事項など。 ➡主張：4月に社員全員参加の研修会を行う。 　根拠：社の決まりだから。
8. 組織の知識	調査や繰り返される現象によって組織に知られていること。 ➡主張：お歳暮の時期には広告費を増やすべきだ。 　根拠：広告すれば売上げが伸びるというデータがあるから。
9. 組織の慣習	ある組織の常識。長年にわたる慣習。 ➡主張：8月10日は夏の懇親会を行いたい。 　根拠：毎年行う習慣だから。
10. 組織の行動・判断・価値観の傾向	組織には集団としての目的・欲求・理解度・知覚・感情などがある。これが集団の行動・評価・態度の傾向となって表れる。この傾向のこと。 ➡主張　：会社を社員の忘年会場として開放しよう。 　根拠①：社員の参加が増えるから。〔行動の傾向〕 　根拠②：社員の会場移動の負担がないから。〔判断の傾向〕 　根拠③：社員どうしの親睦が図れるから。〔価値観の傾向〕

Section 2　論理的なパラグラフとは　　111

根拠7と8は、客観性が高く、主張の支持文として使いやすいと言えます。根拠9は、「長年にわたる習慣だから」が事実だとしても、だからといって、ただちに賛同を得られるとは限りませんので、読み手の理解を推し量りながら使わなければ有効ではありません。

　根拠10は、裏付けなしに用いるのは要注意です。主張「会社を社員の忘年会場として開放しよう」に対して、①「社員の参加が増えるから」や②「社員の会場移動の負担がないから」、③「社員どうしの親睦が図れるから」など、狭い範囲で聞き及んでいることを根拠にしてしまえば、読み手の賛同を得られない可能性が高くなるからです。根拠10を有効に用いるには、読み手も同様の理解をしていることが不可欠なのです。

　次の、個人の考えに基づく根拠は、社会性の高い文書における主張の根拠としては客観性に欠けますので、用いるのは望ましくありません。

根拠の種類	説明と用例
11. 個人の行動・判断・価値観の傾向	「個人」の目的・欲求・理解度・知覚・感情などに基づく行動・判断・態度のこと。 ➡主張　：残業をすべきではない。 　根拠①：夜はスポーツジムに行くから。〔行動の傾向〕 　根拠②：残業すると仕事の効率が落ちるから。〔判断の傾向〕 　根拠③：プライベートな時間が大事だから。〔価値観の傾向〕

　このように概観してみると、英語で好まれる根拠とは、できるだけ書き手や読み手の個人的な考えに依存しない、客観性・事実性の高いものであることが分かります。ですから、書き手は主張に対する支持文を書くときに、その文がどの程度客観性があるのか、またはないのかを常に意識しておく必要があるのです。

注：留意したいのは、これらの根拠を表す文自身は、複数の種類に属し得るということです。例えば、「会社を社員の忘年会場として開放しよう」という主張に対して「会場移動の負担がないから」という根拠は、アンケートの結果判明した「組織の知識」であると同時に、社員たちの「判断の傾向」であるかもしれません。しかし、ここであえて根拠の種類を区別したのは、どれが社会性の高い文書にふさわしい客観的な根拠なのかを判別しやすくするという便宜上の理由からです。

例題

次に示す主張に対する根拠が、枠内の①〜⑪のどの種類に属するか指摘し、不適切なものは「ほかの根拠に要変更」と書きなさい。また、使用できるが何らかの条件が必要であれば、述べなさい。根拠は複数の種類に属するものがあります。

① 真理　② 原因
③ 一般社会のルール　　④ 一般社会の知識　　⑤ 一般社会の慣習
⑥ 一般社会の行動・判断・価値観の傾向
⑦ 組織のルール　　⑧ 組織の知識　　⑨ 組織の慣習
⑩ 組織の行動・評価・価値観の傾向
⑪ 個人の行動・判断・価値観の傾向

1. 主張：Bosses should not treat their staff.

   根拠：

   a) Good relationships can be built through a reasonable level of socializing that does not involve great expense.

   b) Bosses do not treat their staff these days.

   c) The rules prohibit bosses from treating their staff.

d) Acting generous does not look good.

2. 主張：Even after reaching mandatory retirement age, people should find alternative employment and continue utilizing their skills.

　根拠：

　a) We need a raison d'etre to live full lives.

　b) We can supplement our under-funded pensions.

　c) It is useless to waste time doing nothing.

　d) The data shows that continuing work as a member of society lengthens healthy life expectancy.

3. 主張：We have to take out private medical insurance when we are young.

　根拠：

　a) Taking out medical insurance when we are young is cheaper.

　b) Almost all young people take out medical insurances.

　c) Taking out medical insurance puts your mind at ease.

　d) We can pay for medical expenses not covered by the health insurance system.

例題解答

1. 主張：上司は、部下におごるべきではない。

　根拠：

　a) ➡⑥

訳：円滑な人間関係は、金銭的に無理のない付き合いで築くことがで

きる。

「上司がおごる→上司に金銭的負担がかかる→部下にも心理的な負担が
かかる→付き合いに無理が生じる→円滑な人間関係に支障が出る」と
考えることは、日本の一般社会の人々や、もしくは会社組織において、
ある程度共有されている価値観だと考えられます。この主張をより強
く支持しようと思えば、一般社員向けのアンケートなどで、このよう
な価値観が共有されていることを裏付ける必要があります。しかし、
読み手がこの価値観を自然に受け入れるだろうと推察できるのであれ
ば、根拠として用いることは可能です。

b) ➡⑩　他の根拠に変更が必要。

訳：今の時代、上司といえども大盤振る舞いはしないものだ。

「上司といえども大盤振る舞いはしない」という内容は、会社組織の人々
の行動の傾向です。たとえこの傾向が事実であったとしても、「皆がそ
のように行動しているのだから私たちもそうすべきだ」という論理展
開では、納得は得にくいでしょう。根拠は、読み手の納得する価値観
に合致しなければならないのです。

c) ➡⑦

訳：部下におごってやるのは、規則で禁止されている。

組織で禁じられているルールであれば、根拠としての客観性は十分です。

d) ➡⑪　他の根拠に変更が必要。

訳：気前のいい振りをするのは、かえって格好が悪い。

「格好が悪い」というのは、書き手個人の価値観です。根拠とは、事実
やデータである必要があり、これを社会性の高い文書の中で根拠とし
て用いるのは不適切です。

Section 2　論理的なパラグラフとは　　**115**

2. 主張：定年後もほかの仕事を見つけ、自分の技能を生かすべきだ。

根拠：

a) ➡⑥

訳：豊かに生きるためには、生きがいが必要だ。

「定年後も自分の技能を生かす仕事を見つける→生きがいになる→生きがいがある人生は豊かである」という考えが、一般社会の価値観であり、それが読み手にも共有されていると予測できるのであれば、根拠として用いることができます。しかし、「定年後も仕事を続ける→趣味の時間が充分もてなくなる→人生の楽しみがなくなる」のように考える読み手にとっては、説得力のない根拠になります。

b) ➡②、④、⑥の可能性。

訳：足りない年金を補うことができる。

一般に、人は生活費を稼ぐために仕事をするのが通常であること、多くの場合に年金だけでは生活費には不十分であることは広く知られています。読み手もこのような状況にある可能性が高ければ、強力な根拠の1つになり得ます。ただし、b) は、「仕事を見つけるべきだ」という根拠にはなっても、「自分の技能を生かすべきだ」という根拠にはならないので、なぜ自分の技能を生かす仕事でなければならないのかという根拠は、別途必要になるでしょう。

c) ➡⑪　他の根拠に変更が必要。

訳：何もしないで過ごすのは無駄だ。

「無駄だ」というのは、書き手個人の価値観です。根拠は事実やデータである必要があり、これを社会性の高い文書の中で根拠として用いるのは不適切です。

● Step 2 パラグラフを論理的にする

d) ➡④

訳：社会の一員として仕事を続けるほうが、健康寿命が長くなるというデータがある。

政府の公的な調査などで、このようなデータがあるのであれば、客観的な根拠として用いることができます。

3. 主張：若いうちに民間の医療保険に加入しなければならない。

根拠：

a) ➡④

訳：若いとき民間の医療保険に加入すれば安い。

若い時には医療保険料が安いことは、一般的な知識として知られていると考えられます。ですから、「どうせ入るのであれば、安いうちに入っておくほうがよい」というのは根拠としてはあり得ますが、加入しなければならない根拠として用いるには、やや弱いと言えます。

b) ➡⑤、⑥

訳：多くの若い人も民間の医療保険に加入する。

一般的な社会の慣習や行動の傾向として、多くの若者が医療保険に加入することは事実でしょう。しかし、「多くの若者がそのように行動しているのだから私たちもそうすべきだ」という論理展開では、読み手が「多くの若者と同じ行動をしたい」と考えていない限り、有効ではありません。したがって、なぜ多くの若者が加入するのかという分析、そしてその分析の結果、読み手にもたらされるであろうメリットが補足されなければならないでしょう。

c) ➡⑪　他の根拠に変更が必要。

Section 2　論理的なパラグラフとは　　**117**

訳：入っておけば安心だ。

「入っておけば安心だ」は、個人の価値観なので、社会的な文書で根拠にするのは不適切です。仮に一般の人々の多くが「入っておけば安心だ」と思っていたとしても、「安心だ」は主観を表す語であり、事実やデータを示していません。したがって、根拠として用いるには不適切です。「安心だ」を根拠にしたいのであれば、「突然倒れたときにかかる医療費は1日いくら、それを全額カバーできる」などの安心材料となる具体的なデータを用いなければならないでしょう。

d) ➡⑦

訳：医療保険制度外の治療の場合でも費用が払える。

保険商品の約款で決まっているルールであれば、客観的な根拠として使えそうですが、これでは若いうちに入る必要性を示す根拠になっていません。そのため、別途「35歳までに加入した場合にのみ、医療保険制度外の治療費が割増しでおりる特約がある」などのデータを加えれば、有効な根拠になるでしょう。

✍ Unit 4 　「分析形式」は、主張の正しさを裏付ける

　主張を表す文と根拠を表す文を区別できれば、英語の好む論理的なパラグラフを書くのに大変役立ちます。本ユニットでは、今まで学んだ区別のしかたを踏まえて、「分析形式」のパラグラフを書いてみましょう。

　「分析形式」型の文書とは、書き手がある事柄について分析した結果の正しさを主張するものです。このタイプの文書の特徴は、書き手や読み手の性格や価値観に関わらず、主張の真偽の程度が論理的に判断できるところです。科学論文の主張、例えば「地球は自転している」などは、根拠によって真偽判断の可能な典型的文書だといえますが、一般社会に

118　● Step 2 パラグラフを論理的にする

おける文書では、そこまで厳密に真偽判断ができるわけではありません。しかし、主張の真偽を判断可能なものと不可能なものに区別して考えることは、論理的なパラグラフを展開する上で、大変役に立ちます。

　さて、読み手に「主張は正しい」と判断してもらうには、主張とその根拠の関係が明確である必要があります。ここでは、英語によく見られる「因果関係によって情報を伝える」スタイルで、分析形式のパラグラフの書き方を確認していきましょう。

　パラグラフのテーマは、「医療システムの現場では、介護ロボットの利用が拡大するだろうという主張を、250 ～ 300 字程度で伝えること」にしましょう。まず、アウトラインから作ってみます。

【起】1 ～ 2 文
主旨文　：医療システムの現場では介護ロボットの利用が拡大するだろう。

【承】5 ～ 6 文
支持文 1：低賃金・肉体的な負担からくる介護者不足がある。

> ロボットの利用が拡大するであろう理由を 2 ～ 3 点書こう。介護者の負担を理由に挙げよう。

支持文 2：介護施設では、介護費用の削減・労働の軽減のため、ロボット導入が始まっている。

> 導入例を挙げて、主張の説得力を高めよう。

【結】1 ～ 2 文
結論文　：ロボットの導入が増えるだろう。

　主張と根拠の関係を整理すると、次の図のような関係になっていることが分かります。

Section 2　論理的なパラグラフとは　　119

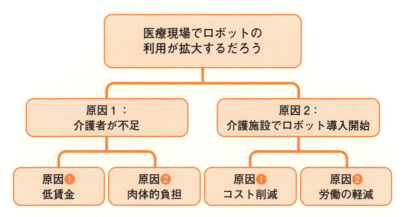

では、このアウトラインをもとにして、パラグラフを作ってみましょう。

【起】
主旨文：急速に人口が高齢化し、ケアワーカーが不足する中、医療システムには、ロボットの利用が拡大するだろう。

【承】
支持文1：調査によれば、ケアワーカーの不足は、介護の仕事が低賃金で、肉体的な負担が大きいという理由による。例えば、ケアワーカーは、お年寄りの身体的な介助をしなければならず、仕事中ずっと油断ができない。それに加えて、最低週1回の夜勤がある。
支持文2：ケアワーカーの負担を軽減するため、いくつかの介護施設では、お年寄りや介護者が身に着けるロボットなどを導入し始めた。施設の経営者は、介護費用の削減や、ケアワーカーの労働を軽減することができるので、ロボットの能力に注目しているのだ。

【結】
結論文：2025年には、日本の人口の25％が75歳以上になるだろう。結果として、ロボットの利用の増加は避けられないものとみられる。

「分析形式」の文は、このように、主張とその根拠を明確な因果関係によって結び付けると、読み手は「なるほど、書き手の主張は信ぴょう性が高い」と判断しやすくなるのです。忘れてはならないのは、根拠には、事実やデータを用いなければならないことです。そうでなければ、書き手の主張が正しいかどうかの判断が付かなくなるからです。

例題

1. 本文で学んだ例文の内容を参考にして、次のメモ書きを整理して図の中に入れなさい。入れる際に、語句は短くして構いません。

主旨　：A rapidly aging population with a shortage of nursing-care workers will lead to a growing presence of robots in the healthcare system.

原因1：a shortage of nursing-care workers
　　　原因❶ low-paying
　　　原因❷ physically demanding
　　　　　-Workers have to provide physical support to the elderly.
　　　　　- Workers have to stay alert throughout their working hours.
　　　　　- Workers have overnight shifts at least once a week.

原因2：Some nursing-care facilities have started using robots.
　　　原因❶ reduced costs
　　　原因❷ a lessened workload

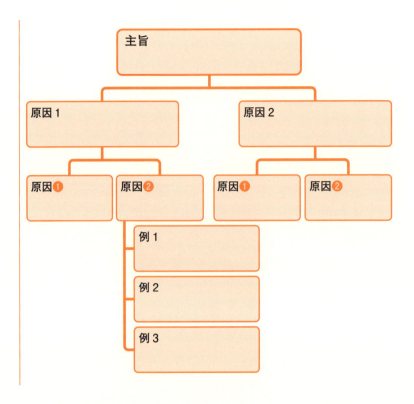

2. 整理した情報をもとに、下線部を埋めてパラグラフを作りなさい。
( ) 内には適切なつなぎ表現を入れましょう。

【起】
主旨文 ：A rapidly aging population with a shortage of nursing-care workers will lead to _____
_____.

【承】
支持文 1：According to a survey, the reason for the shortage is that the job is generally _____ and _____.

Workers have to provide _____ to the elderly and stay _____ in addition to _____ _____ at least once a week.

支持文2：To lessen the burden on the staff, some nursing-care facilities _____, as well as wearable units for elderly people and nursing-care workers. Nursing care administrators are attracted to the idea of employing robots, because this leads to _____ and a _____ _____ for human personnel.

【結】

結論文 ：In 2025, 25% of the population of Japan will be aged 75 or over. (　　　　), the increased use of robots seems inevitable.

例題解答

1.
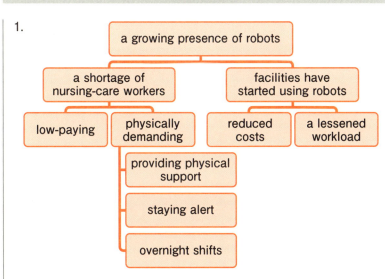

2.

【起】

主旨文：A rapidly aging population with a shortage of nursing-care workers will lead to <u>a growing presence of robots in the healthcare system</u>.

【承】

支持文 1：According to a survey, the reason for the shortage is that the job is generally <u>low-paying</u> and <u>physically demanding</u>. Workers have to provide <u>physical support</u> to the elderly and stay <u>alert throughout their working hours</u> in addition to <u>working overnight shifts</u> at least once a week.

支持文 2：To lessen the burden on the staff, some nursing-care facilities <u>have started using robots</u>, as well as wearable units for elderly people and nursing-care workers. Nursing care administrators are attracted to the idea of employing robots, because this leads to reduced costs and a lessened workload for human personnel.

【結】

結論文　：In 2025, 25% of the population of Japan will be aged 75 or over. (Consequently), the increased use of robots seems inevitable.

124 　● Step 2 パラグラフを論理的にする

Section 1 & 2　まとめ

　これで、論理的なパラグラフとは何かを知る学習は終了です。主観と客観を区別できるようになりましたか？できるようになったことを確認して、☑を入れてみましょう。

☐ 根拠づけが必要なパラグフの種類が分かった。
　　　　　Noなら Section 1 に戻る

☐ 英語的な「論理」の進め方が分かった。
　　　　　Noなら Section 2 Unit 1 と Unit 2 に戻る

☐ 客観と主観が区別できるようになった。
　　　　　Noなら Section 2 Unit 3 と Unit 4 に戻る

Section 2　論理的なパラグラフとは

Section 3

真偽判断ができない主張とは

Section 2では、パラグラフには論理的な根拠づけが必要なものがあることを確認しました。本セクションでは、その中でも、主張が正しいか正しくないかを客観的に判断することのできない「価値を主張する」タイプのパラグラフを取り上げて、説得力のある根拠づけをする方法を学習しましょう。

Unit 1　価値主張をする文を識別する

さて、主張の中には、たとえ根拠づけがあったとしても、それが正しいかどうかを判断できないタイプのものがあります。もし、「この食品は体に害がある」という主張をしようと思えば、実際に害があったデータを積み上げていけば、読み手は「なるほど、その主張は正しい可能性が高い」という判断をすることが可能でしょう。科学的な新発見や分析結果についての主張は、この類に属します。ところが、例えば「この新製品は<u>素晴らしい</u>」という主張はどうでしょうか。「素晴らしい」という表現は、「美しい」、「美味しい」などと同様に、書き手の価値観を述べており、たとえどのような根拠を並べ立てたとしても、読み手が異なる価値観をもっていれば、「素晴らしくない」と反論されて終わってしまいます。つまり、主張には、大きく分けて2タイプ存在しており、1つは、「書き手や読み手の性格や価値観に依存することなく、根拠づけによって、客観的に真偽の判断が可能なもの」であり、もう1つは、「客観的な真偽の判断ができないもの」です。むろん、厳密にいえば、科学

126　● Step 2 パラグラフを論理的にする

論文とは異なるので、現実には完全に真偽判断ができる文書を作成できるケースのほうが少ないと思われますが、このように便宜上区別しておくことは、自分の書こうとするパラグラフの信ぴょう性を判断する上で、大変役に立ちます。

　書き手は、自分が述べようとする主張が、「客観的に正しいと判断ができる種類のものか否か」を常に意識しなければなりません。科学的な因果関係によって主張を論理的に根拠付けるのであれば、読み手の性格や価値観は気にせずとも、正しさを立証することができます。これを仮に「**真偽主張**」と呼びましょう。いっぽう、客観的な判断ができないタイプの主張の場合、パラグラフの支持文は、読み手の価値観に沿って共感を得るように書かなければなりません。このような主張を「**価値主張**」と呼びましょう。**価値主張**は、読み手の価値観に対する豊富な背景知識と洞察がなければ、主張を納得してもらえないのです。

　では、客観的な判断のできない「**価値主張**」とは、どのようなものなのか、例を見ていきましょう。これらは、主に文に価値評価をする形容詞や副詞などを用いたものです。

1. 新型の携帯電話は使いやすい。
2. この参考書は役に立つ。
3. 彼のイラストは面白みがない。
4. 新製品は多くのユーザーに大変な人気を博した。
5. 多くの学生が留学生受け入れを歓迎した。
6. その車はデザインが美しい。

　これらを英文にしてみても、やはり客観的な判断のできない主張になります。

1. The new cell phone model is user-friendly.
2. This reference book is useful.
3. His illustrations are boring.

Section 3　真偽判断ができない主張とは　　127

4. The new product was <u>highly</u> popular with users.

5. Many students <u>welcomed</u> oversea students.

6. The design of the car is <u>beautiful</u>.

　これらの文は、いずれも主張に主観的な表現を用いており、たとえどのように根拠付けたとしても、客観的に「それは真実である可能性が高い」と判断できるような論理性をもたせることは不可能なのです。

> ＊一般的なパラグラフの主張は、科学論文の主張ではないので「真偽主張」か「価値主張」かを完全に区別することはしばしば困難ですが、便宜上区別しておくと、信ぴょう性の程度を判断するのに役に立ちます。

例題

　次の文が真偽主張・価値主張・事実のどれにあたるかを指摘しましょう。判断に迷うものは、その理由を書き出してみましょう。

1. The current capital of Japan is Tokyo.

2. Two-income households are increasing every year.

3. Spending time at home with your family is always fun.

4. A widow is a woman whose spouse has died.

5. You should never lose hope.

6. It is going to be a mild winter this year.

7. Apartment sales are dependent on the surrounding environment.

8. You cannot obtain a sense of fulfillment in life only by working.

9. Copying existing ideas won't lead to success.

例題解答

1. 事実

訳：現在の日本の首都は東京である。

事実を述べています。

2. 事実／真偽主張

訳：共働きの家庭は年々増加している。

年々増加していることがすでに調査データで示されていれば事実ですが、そうでない場合は、信ぴょう性を判断するデータを支持文で示す必要があるので、真偽主張です。

3. 価値主張

訳：家で家族と過ごすのは、いつも楽しい。

always fun というのは、主観的な語句であり、客観的な真偽の判断はできません。したがって、この文は、書き手の価値観の主張です。

4. 事実

訳：未亡人とは、夫を失った女性のことである。

widow という用語の辞書的な定義を述べており、事実です。

5. 価値主張

訳：人はどんなときにも希望を失ってはならない。

この文は書き手の主観を述べており、どのような根拠づけをしたとしても、科学的な真偽の判断はできませんので、価値主張です。

Section 3　真偽判断ができない主張とは　129

6. 真偽主張

訳：今年は暖冬になるだろう。

暖冬になるかどうかは、様々な気象データから、ある程度信ぴょう性の判断が可能な予測ですから、真偽主張です。

7. 真偽主張

訳：マンションの売れ行きは、周辺の環境に左右される。

売れ行きは周辺の環境だけに左右されるわけではないでしょうが、過去のマンション購入者のデータから、環境にひかれて購入する傾向があることを客観的に示すことが可能です。

8. 価値主張

訳：仕事だけでは人生に充実感が得られない。

a sense of fulfillment は主観的な語ですから、これは価値主張です。

9. 真偽主張か価値主張か分からない

訳：すでにあるアイデアを真似するのでは、成功につながらない。

この文では、success が具体的に何を意味しているのか分からない点が問題です。もし、この表現を「利益につながらない」、もしくは「オリジナリティを消費者にアピールできない」などと書き直せば、過去の消費者の購買行動のデータから、真偽判断可能な主張文にすることができます。また、「すでにあるアイデアを真似するのでは、やりがいのある開発にならない」と書き直せば、価値主張であることが明確になります。

130　● Step 2 パラグラフを論理的にする

Unit 2 価値主張の根拠となる文を識別する

　価値主張は、客観的なデータによってその正しさを根拠付けることができません。そのため、「なるほど、共感できる」と感じてもらうには、読み手の価値観に沿った根拠を用いなければなりません。

　では、そのような根拠とは、いったいどのようなものでしょうか。一般的にいえば、それは読み手に何らかの利益をもたらす類のものでしょう。利益といっても、金銭的な損得だけではありません。読み手の欲求や感情にプラスに働くことなども含まれます。

　では、次の主張に対して、考えられる根拠の例を見てみましょう。

価値主張：新型の携帯電話は使いやすい。

根拠：
▶ 物理キーボードが付いている。
▶ 従来モデルより画面が大きい。
▶ 従来モデルより重さが軽い。

　根拠として使われているのは、いずれも事実ですが、だからといって「使いやすい」という主張の客観的な真偽判断ができるようになるわけではありません。もし読み手が、「物理キーボードはないほうが使いやすい」と考えていれば、このような根拠はたちまち無効になってしまうからです。価値主張において有効な根拠となるのは、読み手にとってのメリットを注意深く考察したものでなければならないのです。

　もう少し例を見てみましょう。

価値主張：その車は美しい。

根拠：

▶ 著名なイタリア人デザイナーによってデザインされている。

▶ 車体が滑らかな流線形をしている。

▶ 遠目にも映える鮮やかな赤色だ。

いずれの根拠も事実ではありますが、例えば、「著名なイタリア人デザイナーによってデザインされている」ことが「その車は美しい」という主張に賛同を得られる根拠かどうかは、ひとえに読み手がそのような価値観を共有しているかどうかにかかっています。「滑らかな流線形である」、「鮮やかな赤色だ」も同様です。

　上記のような例から、価値主張に使われる根拠は、次のようなタイプがあることが分かります。

1. 読み手にとって同類物と比較して、より優れていると思われる事実
2. 読み手にとって利益があると思われる事実
3. 読み手にとって良いイメージがあると思われる事実

いっぽう、用いてはならないタイプの根拠を挙げるとすれば、「その車は美しい」という価値主張に対して、次のように事実性が低い主観的な表現を含むものです。

用いるべきではない根拠：

1. 車体の形が格好よい。
2. 私の友人が美しいと言っている。
3. 走る姿が洗練されている。

そもそも「美しい」というのは主観であり、これを具体的に支持するのに、1のように「格好よい」という主観的な述語を再度用いてしまっては、どちらが価値主張なのか分からなくなってしまいます。2は、たった一人の友人が美しいと言ったという事実を「美しい」の根拠にしていますが、過剰な一般化であり、読み手の共感を得るのは難しいでしょう。3の「洗練されている」も主観的な語であり、この文自身が根拠ではなく、価値主張のように聞こえてしまいます。友人同士の会話ならこれでもよいでしょうが、社会性の高い文書の中で用いる根拠としては、不適切です。

*商品のイメージを宣伝する広告文などでは、このような根拠を用いることもあり得ますが、本書では対象外とします。

例題

次に示す価値主張に対する根拠が、枠内の①〜④のどの種類に属するかを指摘しなさい。また、使用できるが何らかの条件が必要であれば、その理由を述べなさい。根拠は複数の種類に属する場合があります。

① 読み手にとって同類物と比較して、より優れていると思われる事実
② 読み手にとって利益があると思われる事実
③ 読み手にとって良いイメージがあると思われる事実
④ 不適切なので他の根拠に変更が必要

1. 価値主張：This reference book is useful.
　根拠：

a) It contains more exercises than other books.

b) My friend also says so.

c) It contains tips that help users understand important points.

d) It is easy to understand.

2. 価値主張：The artist's picture is wonderful.

根拠：

a) He only used the color black.

b) A famous art critic has written reviews of his works and rated them highly.

c) It stimulates the viewer.

d) He graduated from a prestigious art college.

例題解答

1. 主張：この参考書は役に立つ。

根拠：

a) ➡ ①

訳：ほかの参考書に比べてより多くの演習がある。

読み手にとっては、参考書に多くの演習があるほうがメリットだと考えられます。

b) ➡ ④

訳：私の友人もそう言っている。

自分とたった一人の友人の意見だけで、「この参考書が役に立つ」という主張に納得してもらうことは困難です。もし、もっと多くの人の意見が同様であることが示せれば、読み手にも「それなら、自分にも役

134 ● Step 2 パラグラフを論理的にする

立つかもしれない」と思わせることができるでしょう。ただし、それであっても、「この参考書が役に立つ」という価値主張は、科学的な主張のように客観的な真偽判断はできないことには注意が必要です。

c) ➡ ①、②

訳：読者が重要なポイントを理解するためのコツがのっている。

読み手にとっては、コツを教えてくれる参考書のほうがメリットがあると考えられます。

d) ➡ ④

訳：理解しやすい。

「理解がしやすい」というのは、書き手個人の主観です。根拠とは、できるだけ客観的な事実やデータである必要があります。

2. 主張：この芸術家の絵は素晴らしい。

根拠：

a) ➡ ④

訳：彼は黒色しか使っていない。

黒色しか使っていないことが、素晴らしいということにつながるかどうか、議論があるところでしょう。そのような考えをもたない読み手がいると容易に推察できるものは、根拠として弱いと考えられます。ただし、あらかじめモノトーンの絵が良いと思う読み手だということが分かっているのであれば、使うことができるでしょう。価値主張の根拠は、読み手の価値観に沿うようにする必要がある好例です。

b) ➡ ③

訳：著名な美術評論家が、彼の作品を批評しており、高く評価している。

Section 3　真偽判断ができない主張とは　**135**

通常は、たった一人の意見を主張の根拠にすることは困難ですが、この場合、「著名な美術評論家」という肩書のために、比較的説得力があると言えます。とくに、読み手が権威的なものに良いイメージをもっていれば、有効でしょう。

c) ➡ ④

訳：その絵は刺激的だ。

「刺激的だ」というのは主観ですから、まるで、この文自身が価値主張のように聞こえてしまいます。

d) ➡ ③、④

訳：彼は一流の美術大学を卒業している。

一流の美術大学を卒業していることが、絵が素晴らしいことの根拠になるかどうかは、ひとえに読み手のもつ価値観がどのようなものかによります。「幼い時から彼の絵は、周囲の大人が称賛するほどだった」などと、他の画家と比較しても優れているという評価を述べるほうが、多くの読み手から賛同を得やすいでしょう。

Unit 3 「説得・論説形式」は、価値判断を裏付ける

　価値主張を表す文と、その根拠を表す文を区別できるようになると、英語の好む論理的なパラグラフを書くのに大変役立ちます。本ユニットでは、今まで学んだ区別のしかたを踏まえて、「説得形式」のパラグラフを書いてみましょう。

　「説得形式」型の文書とは、書き手の価値観からくる意見や考えを主張するものであり、客観的な根拠づけはできません。根拠となるのは、読み手の利益や価値観に沿ったデータです。

では、英語によく見られる「意見−理由」を伝えるスタイルでパラグラフを作ってみましょう。

　テーマは、「『オフィスの休憩時間に音楽を流したら、従業員どうしの親睦が深まり、士気が高まった』という書き手の価値主張を、250〜300字程度で伝えること」にしましょう。まず、アウトラインから作ってみます。

【起】1〜2文
主旨文 ：オフィスのランチタイムに音楽を流すようになってから、従業員の士気が高まっている。

> 従業員たちが音楽を話題にしている例を挙げよう。

【承】5〜6文
支持文1：音楽が話題になっている。
支持文2：従業員がカラオケ・クラブを作った。

> 音楽が従業員どうしの交流を促していることを書こう。

支持文3：従業員がBBSに曲名を書き込んでいる。
【結】1〜2文
結論文 ：音楽がオフィスに良い影響を与えている。

　支持文の内容は、読み手にも共感してもらえそうな、音楽を流すことによって得たメリットの列挙になりそうです。できるだけ具体的に好影響のあった事例を出したほうが共感を呼びそうです。これらの情報の関係を図に整理してみましょう。

Step 1
Step 2
Step 3
Step 4
Step 5

Section 3　真偽判断ができない主張とは　　137

主張

オフィスのランチタイムに音楽を流したら、士気が高まった

実例1

音楽の話題で
コミュニケーション
している

実例2

ある従業員は、
カラオケ・クラブ
を作った

実例3

別の従業員は、電
子掲示板に曲名を
書き込んでいる

この形をそのままパラグラフに反映してみましょう。

【起】

主旨文 ：オフィスのランチタイムに音楽を流すようになってから、
従業員は、士気が高まっています。

【承】

支持文1：例えば、従業員は前より互いに話すようになり、流れ
てくる音楽について話し、感情を共有しているのが見て取れます。
出会ったばかりの従業員同士でも、容易にコミュニケーションを
図っています。

支持文2：ある従業員は、休み中に流れるポップ音楽や、イージー
リスニング音楽に刺激されて、カラオケ・クラブを作りました。

支持文3：また、別の従業員は、会社の電子掲示板に、次の日に
何の曲が流されるか書き込んでいます。

【結】

結論文 ：音楽は人体に良い影響を与えるとよく言われます。加え
て、音楽は社会的な役割も果しており、私たちの会社にはそれ
がはっきりと表れています。

138　● Step 2 パラグラフを論理的にする

科学論文と異なり、主張の真偽判断はできませんが、読み手の価値観に沿った根拠を述べることで、書き手の意見に同意してもらえるような説得力をもつパラグラフにすることができます。

例題

1. 本文で学んだ例文の内容を参考にして、次のメモ書きを整理して図の中に入れなさい。入れる際に、語句は短くして構いません。

> 価値の主張：Employees morale has improved.
> 具体例1：Employees have been talking each other more and sharing their feelings
> 具体例2：Some employees have organized a Karaoke-club
> 具体例3：Another employee has started to put what tunes would play the next day on the BBS
> 結　論　：Music performs social functions; this has certainly been evident in our office.

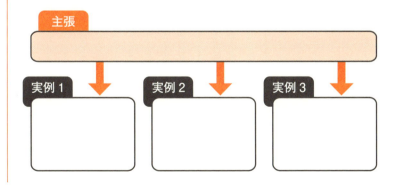

2. 本文の日本語に合うように、下線部を埋めてパラグラフを作りな
さい。(　　) 内には適切なつなぎ表現を入れましょう。

【起】

主旨文　：Since our office started playing music during lunch,
employees _____ .

【承】

支持文 1：(   ), they have been _____
_____
_____ .
Even coworkers who have just met can _____
_____ .

支持文 2：Some employees _____ (   )
they were encouraged by the pop-music and easy-listening played
during the break.

支持文 3：(   ), another employee _____
_____ on the Bulletin Board System.

【結】

結論文　：Music is often said to have positive effects on the human
body. (   ), music performs social functions; this has
certainly been evident in our office.

140　　● Step 2 パラグラフを論理的にする

例題解答

1.

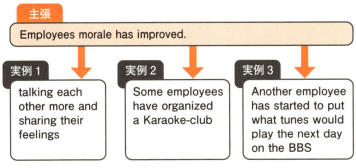

2.

【起】

主旨文：Since our office started playing music during lunch, employees <u>morale has improved</u>.

【承】

支持文 1：(For example), they have been <u>talking each other more and sharing their feelings on the music being played</u>. Even coworkers who have just met can <u>easily establish communication</u>.

支持文 2：Some employees <u>have organized a Karaoke-club</u> (because) they were encouraged by the pop-music and easy-listening played during the break.

支持文 3：(Moreover), another employee <u>has started to put what tunes would play the next day</u> on the Bulletin Board System.

【結】

結論文：Music is often said to have positive effects on the human body. (In addition), music performs social functions; this has certainly been evident in our office.

Section 4

信ぴょう性の高い 根拠づけとは

　日本語であれ、英語であれ、主張に対する根拠づけは、できるだけ論理的でなければなりません。論理学では、結論を導くための推論方法として、演繹や帰納があると言われています。本セクションでは厳密な論理学の話は避けますが、信ぴょう性の高い主張を展開するうえで、知っておくと大変役に立ちますので、紹介しておきましょう。

Unit 1　演繹的な根拠づけ

　一般の文書は科学論文ではありませんから、主張が100％に近く正しいと結論できるような客観的な根拠を示すことは困難です。そのため、たいていの場合、多くの読み手がもっともらしいと納得できるような根拠を用いて代用することになります。その「もっともらしさ」がどの程度なのかという目安になるのが、「もし自分の主張が100％正しいと言えるとしたら、どう書けばよいのか」というモデルを念頭に置くことです。

　100％正しい結論を導く方法は、**演繹**です。厳密な論理学の話は避けますが、主張を正しく根拠付けるモデルとして、知っておくと大変役に立ちます。

　演繹とは、正しい規則を根拠として、それを個別の事例に適用することで結論を導く思考方法です。例を見てみましょう。

142　● Step 2 パラグラフを論理的にする

> 正しい規則：Ｔ社の課長なら年収は 750 万円以上である。
> 適用事例　：川村さんはＴ社の課長である。
> 結　　論　：川村さんの年収は 750 万円以上である。

演繹の特徴は、規則が正しく、適用が正しいなら、結論は必ず正しくなることです。英語のパラグラフ構成の順にしてみましょう。

> **主旨文**：川村さんの年収は 750 万円以上である。
> **支持文**：川村さんはＴ社の課長である。そして、Ｔ社の課長なら年収は 750 万円以上である。
> **結論文**：だから、彼の年収は 750 万円以上である。

この結論に反論できる人はいません。これが演繹です。しかし、現実には「100％正しい規則」などそう都合よく見つかりませんので、「経験的によく見られる規則的な現象」で代用することになります。

> 規則的な現象：人気のディスカウントストアは、多くの顧客が列をなす。
> 適用事例：Ａディスカウントストアでは、たくさんの顧客が列をなして、買い物をしている。
> 結　論　：Ａディスカウントストアは人気が高い店だ。

英語のパラグラフ構成の順にしてみましょう。

> **主旨文**：Ａディスカウントストアは人気が高い店だ。
> **支持文**：Ａディスカウントストアでは、たくさんの顧客が列をなして、買い物をしている。人気のディスカウントストアは、多くの顧客が列をなすものだ。
> **結論文**：だから、Ａディスカウントストアは人気が高い店だ。

Section 4　信ぴょう性の高い根拠づけとは　　143

この結論が必ずしも正しくないのは、用いた規則が100％正しいわけではないからです。このような規則を根拠にする際には、常に反論があり得ることを念頭におくべきです。反論例を見てみましょう。

> **主旨文**：Aディスカウントストアは人気が高い店ではない。
> **支持文**：たしかに、Aディスカウントストアでは、たくさんの顧客が列をなして、買い物をしている。しかし、それは客寄せ用の仕掛けの可能性もある。
> **結論文**：だから、Aディスカウントストアは人気が高いとはいえない。

　より信ぴょう性の高い主張をしようとすれば、予測できる反論を否定するデータをあらかじめ述べたり、根拠の数を増やしたりする必要があります。

> **主旨文** 　：Aディスカウントストアは人気が高い店だ。
> **支持文1**：Aディスカウントストアでは、たくさんの顧客が列をなして、買い物をしている。人気のディスカウントストアは、多くの顧客が列をなす。①彼らはみな安い買い物をするために集まってきたのだという。
> **支持文2**：Aディスカウントストアでは、購入のたびにポイントがたまり、次回にはさらに安く買うことができる。②ポイントシステムを導入した店は人気があるのだ。
> **結論文** 　：だから、Aディスカウントストアは人気が高い店だ。

　①の文は、「列をなしている人々が客寄せ用の仕掛けである」という予測できる反論を否定した文です。②は、人気が高いことを裏付けるもう1つの「よく知られた傾向」です。このように書けば、「Aディスカウントストアは人気が高い店だ」という結論は、だんだんと信ぴょう性

144 ● Step 2 パラグラフを論理的にする

が高まることになります。

　まとめると、規則的な事象を主張の根拠にする場合は、次のような点に注意して行う必要があります。

---

1) 主張に用いる根拠の信頼性が100％でないことを踏まえる
2) 主張の信頼性を高めるには、複数の根拠を用いる
3) 予測できる反論にはあらかじめ否定するデータを用意する

例題

　①～③は、書き手が「高校生がインターネットを使いこなせるようになるには、利用できる機会や時間をもっと増やすべきだ」という主張の信ぴょう性を高めるように推敲した内容です。この材料を用いて、④の下線部を埋めて英語でパラグラフを作ってみましょう。

---

① 〈演繹的に思考した内容〉

規則的な現象：In an information society, the ability to make full use of the Internet to obtain the necessary information is in demand.

適　用：This is a skill also required by high school students.

結　論：For high school students to master using the Internet, the opportunities and amount of time available for them to use it should be increased.

Section 4　信ぴょう性の高い根拠づけとは　145

② 〈予測できる反論〉

規則的な現象：People learn and mature by coming into contact with various people in the real world.

適　用：The same can be said of high school students.

結　論：They also need time to communicate in the real world, so it is not simply a question of increasing the opportunities and time available for them to use the Internet.

③ 〈予測できる反論（②）を否定した文〉

The Internet does not necessarily preclude contact with people in the real world. Information required may be acquired through exchange with people by email or BBS. In some cases, it leads to meeting and conversing in real life.

＊BBS…bulletin board system の略称。電子掲示板。

④

【起】

主旨文：For high school students to master using the Internet, ＿＿＿

＿＿＿．

【承】

支持文１：

In an information society, ＿＿＿

＿＿＿．

This is a skill ＿＿＿．

支持文2（予測できる反論に対する譲歩と否定）：

Of course, this is not the only ability that haigh school students must possess. People _____ _____. The same can _____ _____. However, _____ _____ _____. Information required _____ _____.

In some cases, _____.

【結】

結論文： To nurture abilities including this kind of exchange, the opportunities and amount of time available for them to use the Internet should be increased.

例題解答

【起】

主旨文 ：For high school students to master using the Internet, <u>the opportunities and amount of time available for them to use it should be increased</u>.

【承】

支持文1： In an information society, <u>the ability to make full use of the Internet to obtain the necessary information is in demand.</u> This is a skill <u>also required by high school students</u>.

支持文2： Of course, this is not the only ability that high school students must possess. People <u>learn and mature by coming into</u>

Section 4　信びょう性の高い根拠づけとは　　**147**

contact with various people in the real world. The same can be said of high school students. However, the Internet does not necessarily preclude contact with people in the real world. Information required may be acquired through exchange with people by email or BBS. In some cases, it leads to meeting and conversing in real life.

【結】

結論文 ： To nurture abilities including this kind of exchange, the opportunities and amount of time available for them to use the Internet should be increased.

〈訳〉··

高校生がインターネットを使いこなせるようになるには、利用できる機会や時間をもっと増やすべきだ。情報化社会では、インターネットを駆使して必要な情報を入手する能力が求められている。高校生にも必要な能力だ。むろん高校生に必要な能力はそれだけではない。人は、現実世界において様々な人間と接することで、学び、成長する。同じことが高校生にも言えるだろう。だが、インターネットは、現実世界の人との接触を必ずしも否定しない。必要な情報が、電子メールや電子掲示板を使って、人とやりとりしながら得られることもある。ときには、実際に出会って話をすることになる場合もある。このようなやりとりも含めた能力を育てるには、インターネットを利用できる機会や時間がもっと必要だ。

148　● Step 2 パラグラフを論理的にする

Unit 2　帰納的な根拠づけ

　帰納とは、観察される事例から、もっともらしい一般則を推論によっ
て導く思考方法です。例を見てみましょう。

　演繹のように正しい規則をもとに結論を出すのと異なり、複数の事例
をみて、直感的にそこから結論を推論するやり方なので、結論が正しい
かどうかは全くわからないのが特徴です。

> 事例１：Ａディスカウントストアは安いことが売りである。顧客が
> 　　　　いつもレジに行列をなして買い物をしている。
> 事例２：Ｂディスカウントストアも安いことで知られているが、い
> 　　　　つもレジに長い列ができている。
> 推論した規則：多くの顧客が行列をなす量販店は、商品の値段が安
> 　　　　　　　いのだ。

英語のパラグラフ構成の順にしてみましょう。

> **主旨文**　：多くの顧客が行列をなす量販店は、商品の値段が安い。
> **支持文１**：例えば、Ａディスカウントストアは安いことが売りで
> ある。顧客がいつもレジに行列をなして買い物をしている。
> **支持文２**：また、Ｂディスカウントストアも安いことで知られて
> いるが、いつもレジに長い列ができている。
> **結論文**　：つまり、多くの顧客が行列をなす量販店は、商品の値
> 段が安いということだ。

　この例では、観察した２つの事例に共通することを、一般的な結論と
して導いています。この結論が本当に100％正しいことを裏付けようと
すれば、存在するすべての安い量販店を検証して、反証がないことを確
認しなければなりません。実際には、そのようなことは難しいので、多

Section 4　信ぴょう性の高い根拠づけとは　　**149**

くの適用可能な例があるとか、反例がまだないという調査データを加えることで、信ぴょう性を高めるしかありません。

主旨文 ：多くの顧客が行列をなす量販店は、商品の値段が安い。

支持文1：例えば、Aディスカウントストアは安いことが売りである。顧客がいつもレジに行列をなして買い物をしている。

支持文2：また、Bディスカウントストアも安いことで知られているが、いつもレジに長い列ができている

支持文3：そこで、このほか30店舗の量販店を聞き取り調査したところ、顧客が行列をなすのは、いずれも値段の安さのためだと分かった。

結論文 ：つまり、多くの顧客が行列をなす量販店は、商品の値段が安いということだ。

下線部が新しい事例として加わったことで、主張の信ぴょう性が高まりました。

まとめると、複数の事例を根拠に一般的な結論を導く場合は、次のような点に注意して行う必要があります。

---

1) 存在するすべての事例を調査しない限り、100％正しいという結論にはならないことを踏まえる。

2) 主張の信頼性を高めるには、できるかぎり多くの調査や観察によって裏付ける。

3) 結論に反する事例がないことを確認する。

150　　● Step 2 パラグラフを論理的にする

例題

①と②は、書き手が「新作映画の興行成績はあがらないだろう」という主張の信ぴょう性を高めるように推敲した内容です。この材料を用いて、③の下線部を埋めて英語でパラグラフを作ってみましょう。

---

① 〈帰納的な思考〉

事例 1：The new film depicts the daily lives of middle class American married women, but some friends of mine who went to the preview said the plot was unsurprising, plodding, and boring.

事例 2：I asked a few other people who went to the same preview and their opinion was that the theme was clichéd and lacked novelty or excitement.

結論　：This new film is unlikely to do well at the box office.

---

② 〈結論を支持する他の事実〉

Since last year, around 5 films have been released with the same theme as this one. Of these five, three whose plots lacked an element of surprise all failed to garner popularity, despite starring popular actors.

---

③

【起】

主旨文　：The new film is unlikely _____

_____.

Section 4　信ぴょう性の高い根拠づけとは　151

【承】

支持文 1：It depicts _____,

but _____
_____.

支持文 2：I also asked _____
_____
_____.

支持文 3（結論を支持する他の事実）：

Additionally, since last year, _____
_____.

Of these five, three _____
_____.

【結】

結論文　：Therefore, this new film is unlikely to succeed at the box office.

例題解答

【起】

主旨文　：The new film is unlikely to do well at the box office.

【承】

支持文 1：It depicts the daily lives of middle class American married women, but some friends of mine who went to the preview said the plot was unsurprising, plodding, and boring.

支持文 2：I also asked a few other people who went to the same preview and their opinion was that the theme was clichéd and lacked novelty or excitement.

152　● Step 2 パラグラフを論理的にする

支持文 3：Additionally, since last year, <u>around 5 films have been released with the same theme as this one</u>. Of these five, three <u>whose plots lacked an element of surprise all failed to garner popularity, despite starring popular actors.</u>

【結】

結論文 ：Therefore, this new film is unlikely to succeed at the box office.

〈訳〉……………………………………………………………………

新作の映画の興行成績はあがらないだろう。

その映画はアメリカの中流階級の妻たちの日常を扱っているのだが、試写会に行った私の友人たちは、話の展開に驚きやスピード感がなく、退屈だったと言っている。また、同じ試写会に行った数人の人にも聞いてみたが、テーマそのものがありふれていて新しさがなく、盛り上がりに欠けていたという意見であった。

加えて、昨年から今年にかけては、同様のテーマをもつ映画が5本ほど封切られている。そのうちストーリーに意外性がない3本の映画は、人気俳優が主演の映画にもかかわらず、軒並み不人気に終わっている。

だから、今回の新作も興行的には成功しないだろう。

　最初のパラグラフは、2つの似た事例を根拠としているだけですから、読み手から「試写会に行った私の友人たちは皆面白かったといっている」という例を出されてしまえば、たちまち結論はひっくり返されてしまいます。帰納的な思考方法で結論を出せば、必ず反例によって反論されることが予測できるわけですから、別の観点からもう少し主張を裏付ける根拠を入れれば、主張をより信ぴょう性の高い文章にすることができます。

Section 4　信ぴょう性の高い根拠づけとは　　153

Unit 3 「提案形式」は、予測の正しさを裏付ける

　演繹的・帰納的な考えを用いるときの注意点を知っておけば、信ぴょう性の高い文書を作るうえで非常に役に立ちます。本ユニットでは、この知識を生かして、「提案形式」のパラグラフを書いてみましょう。

　「提案形式」型の文書とは、書き手が、「こう働きかけるべきだ。そうすれば、このような効果がでる」と主張するものです。主張と根拠の間には「働きかけ－効果」の関係があります。したがって、これは科学論文ほどではないにせよ、ある程度客観的に信ぴょう性が判断できる「真偽主張」タイプの文書だと言えるでしょう。

　では、この関係を使って、英語によく見られる、問題の解決策を提案するスタイルでパラグラフを作ってみましょう。テーマは、「『わが社は、インターンシップによって、雇用側の求めるスキルと求職者側のスキルのギャップを埋めるべきだ』という提案を、250 〜 300 字程度で伝えること」にしましょう。まず、アウトラインから作ってみます。

【起】 1 〜 2 文

主旨文　：わが社は、インターンシップによって雇用側の求めるスキルと求職者側のスキルのギャップを埋めるべきだ。

> 提案を支持する根拠は、主に実務適性を見られることだろう。

【承】 5 〜 6 文

支持文 1：実習によって適性を見分けられる

支持文 2：評価基準を作成する

> 価値ある人材を効率的に見つけられる。

予測できる反論：評価作成に時間がかかる

【結】 1 〜 2 文

> しかし、人材獲得手段が改善する。

結　論　：今後ギャップが埋められるだろう。

　このアウトラインは、演繹的な考え（経験的によく見られる規則的な

154　● Step 2 パラグラフを論理的にする

現象をもとに、結論を導くやりかた）を用いています。まず、支持文1は、「インターンシップによって、雇用側のニーズにあった適性をもつ実習生を見分けられる」という、規則を援用しています。ただし、インターンシップを採用すれば、新たに実施方法の策定や評価基準の作成が必要となります。そこで、支持文2で「実施方法や評価基準が適切であれば、価値のある人材を効率的に見つけられる」という、もう1つの規則を援用しています。最後に、反論を予測しています。支持文1と2で用いた規則への直接的な反論ではありませんが、聞き手は、「作成に時間がかかれば、会社にとってはコストがかかる」という別の規則をもち出して反論する可能性があります。そこで、これに対して「作成すれば、会社の人材獲得手段を改善できる」と否定を試みています。分かりやすいように、表にまとめてみましょう。

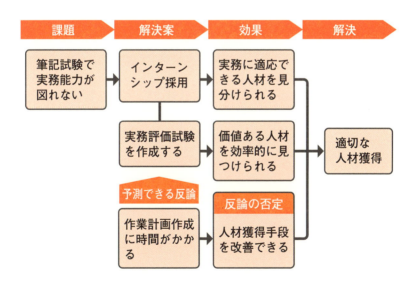

上の図の情報をパラグラフの形式にあてはめてみましょう。

Section 4　信ぴょう性の高い根拠づけとは

起	問題：わが社では、雇用側の求めるスキルと求職者側のスキルのギャップが解決できない状態が続いている。 提案：インターーシップの採用によって改善することを提案する。	
承	求職者を実務につかせて仕事ぶりを観察する。	効果：だれが理論上の知識を実践に応用できるのか、見分けられる。
	インターーンを雇用する際の評価基準を定義する。	効果：会社にとって価値の高い適材を効率的に見つけられる。
	予測できる反論： 作業計画を作るには時間がかかる。	反論を否定：会社は雇用スキルを蓄積することができる。
結	結果：インターンシップは、継続的に、わが社の人材獲得戦略を改善するだろう。	

では、これをパラグラフの形にしてみましょう。

【起】

背景文 ：わが社では、求めているスキルと求職者のスキルのギャップが解決できない状態が続いています。

主旨文 ：私は、これを解決するため、インターーシップを採用することを提案したいと思います。

【承】

支持文1：実習生の仕事ぶりを観察すれば、だれが理論上の知識を実践に応用できるのか、見分けることができます。

支持文2：また、インターンシッププログラムを作る作業をよい機会として捉え、正規採用の基準をもっと明確に定義することを提案します。うまく作れば、会社にとって価値の高い適材を効率的に見つけられます。

支持文3：計画を作るには、最初は時間がかかるかもしれませんが、その作業を通じて雇用スキルを蓄積することが可能になります。

【結】

結論文 ：明らかに、インターンシップは、わが社の人材獲得手段を改善するでしょう。

このように、自分の主張には常に反論があり得ることを踏まえ、主張を複数の根拠で支持し、予測できる反論を否定するようにパラグラフを書くと、説得力を増すことができるのです。

例題

1. 本文で学んだ例文の内容を参考にして、次のメモ書きを整理して図の中に入れなさい。入れる際に、語句は短くして構いません。

> 問題点：There is a persistent gap in the skills our company needs and those possessed by applicants.
> 解決案 1：We should implement an internship program to deal with this problem.
> 効果：We can identify which interns are capable of applying theoretical knowledge to a real work environment.
> 解決案 2：We use creating the internship program as an opportunity to more clearly define our criteria for hiring regular employees.
> 効果：We will be able to efficiently find qualified people who will add value to our company.
> 予測できる反論：We may spend a lot of time designing the program.
> 反論の否定：The program will help us develop our hiring skills.
> 結論：Internships will improve our recruitment practices.

Section 4　信ぴょう性の高い根拠づけとは

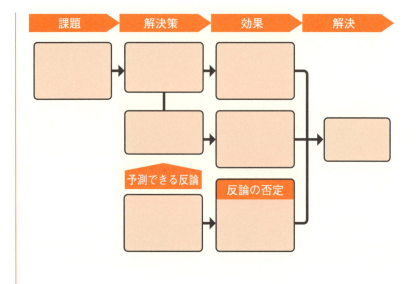

2. 整理した情報をもとに、下線部を埋めてパラグラフを作りなさい。（　）内には適切なつなぎ表現を入れましょう。

【起】
主旨文：There is a persistent gap in the skills our company needs and those possessed by applicants. I would like to propose implementing an internship program to deal with this problem.

【承】
支持文1：By observing interns' work performance, we can ＿＿＿＿＿＿
＿＿＿＿＿＿＿＿＿＿＿＿＿＿＿＿＿＿＿＿＿＿＿＿＿＿＿＿＿＿＿＿．

支持文2：(　　　), I suggest that we ＿＿＿＿＿＿＿＿＿＿＿
＿＿＿＿＿＿＿＿＿＿＿＿＿＿＿＿＿＿＿＿＿＿＿＿＿＿＿＿＿＿＿＿．

(　　　) it is well-structured, we will be able to ＿＿＿＿＿＿＿
＿＿＿＿＿＿＿＿＿＿＿＿＿＿＿＿＿＿＿＿＿＿＿＿＿＿＿＿＿＿＿＿

_____ who will add value to our company.

【結】

結論文：We may spend a lot of time designing the program at first, (　　) it will help us develop our hiring skills.

Clearly, internships will _____.

例題解答

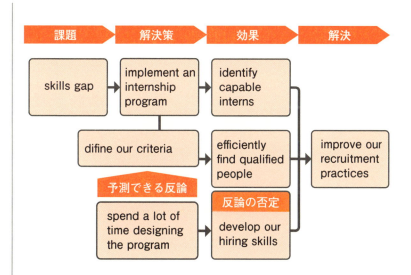

【起】

主旨文：There is a persistent gap in the skills our company needs and those possessed by applicants. I would like to propose implementing an internship program to deal with this problem.

【承】

支持文 1：By observing interns' work performance, we can identify which interns are capable of applying theoretical knowledge to a real work environment.

支持文 2：(Additionally), I suggest that we <u>use creating the internship program as an opportunity to more clearly define our criteria for hiring regular employees</u>. (As long as) it is well-structured, we will be able to <u>efficiently find qualified people</u> who will add value to our company.

支持文 3：We may spend a lot of time designing the program at first, (but) it will help us develop our hiring skills.

【結】

結論文：Clearly, internships will <u>improve our recruitment practices</u>.

Section 3 & 4　まとめ

　これで、英語的な論理立てのしかたを知ることができました。信ぴょう性の高いパラグラフの作り方は理解できましたか？できるようになったことを確認して、☑を入れてみましょう。

□ 真偽判断のできないパラグラフとはどういうものか分かった。
　　　　Noなら Section 3 に戻る

□ 演繹的な根拠づけのしかたが分かった。
　　　　Noなら Section 4 Unit 1 に戻る

□ 帰納的な根拠づけのしかたが分かった。
　　　　Noなら Section 4 Unit 2 に戻る

□ 信ぴょう性を高める根拠づけのしかたが分かった。
　　　　Noなら Section 4 に戻る

Section 4　信ぴょう性の高い根拠づけとは

Step 3

文章を推敲する

パラグラフを適切に構成しても、まだ完成までには、さらに表現を正確に書くことに腐心しなければなりません。第3ステップでは、表現をより的確なものに洗練するために、推敲をしなければならないポイントに焦点をあてて学びます。

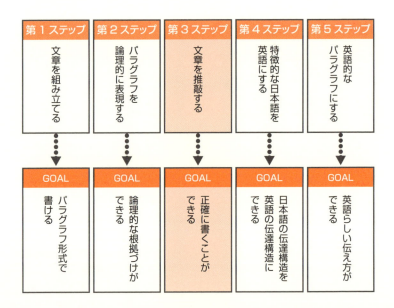

第3ステップ 目次

Step 3 | 文章を推敲する

Section 1　文を正確に表現する

Unit 1　日本語を正確に表現する
Unit 1-1　抽象的な名詞を具体的に定義する
Unit 1-2　形容詞や副詞に具体性をもたせる
Unit 1-3　陳述内容の確からしさを明確にする
Unit 1-4　修飾語句の係り先を明確にする
Unit 2　英語を正確に表現する
Unit 2-1　抽象的な名詞を具体的に定義する
Unit 2-2　形容詞や副詞に具体性をもたせる
Unit 2-3　陳述内容の確からしさを明確にする
Unit 2-4　修飾語句の係り先を明確にする

Section 2　パラグラフの伝達構造を適切にする

Unit 1　日本語パラグラフの伝達構造を適切にする
Unit 1-1　先行する語句と同じ名詞や代名詞を用いる
Unit 1-2　先行する文の一部、または全部を用いる
Unit 1-3　先行する文の概要を用いる
Unit 1-4　類語・パラフレーズを用いる
Unit 1-5　包摂関係にある語を用いる
Unit 1-6　同じ意味的場に属する語を用いる
Unit 1-7　ゼロ参照を用いる
Unit 2　英語パラグラフの伝達構造を適切にする
Unit 2-1　先行する語句と同じ名詞や代名詞を用いる
Unit 2-2　先行する文の一部、または全部を用いる
Unit 2-3　先行する文の概要を用いる
Unit 2-4　類語・パラフレーズを用いる
Unit 2-5　包摂関係にある語を用いる
Unit 2-6　同じ意味的場に属する語を用いる

Section 1

文を正確に表現する

　文章を完成させるには、いわゆる文章校正に近い作業、例えば、語句を適切に書き換えたり、係り受けの曖昧さをなくしたりする作業が必要です。しかし、私たちがまず母語でそれをできていなければ、英訳したところで、正確なものにはなりません。

　Section 1 では、英語という言語にとらわれずに、「文章の推敲に必要な点とは何か」を理解するため、まず日本語を用いて学習します。その後、同様の推敲を英語で行うことによって、「正確な文の書き方」に、より深い気づきを得ながら、練習をしていきます。

Unit 1 ▶ 日本語を正確に表現する

　正確に情報を伝えるには、できるだけ誤解を生まない、具体的な表現を用いることが重要です。例えば、主張が曖昧なら、そもそも論理的に支持をしようとしても難しくなりますし、支持文が曖昧なら、信ぴょう性が疑わしくなります。次の例は、英語的なパラグラフ構成に沿っていますが、①〜⑤の下線部は、正確さに欠けた表現になっています。

> **主旨文**　：経済のグローバル化は、①社会に不安定をもたらす。
> **支持文１**：例えば、安価な労働力として雇用された外国人は、移民先の言葉や文化を②理解できず、そのため社会になじめない人が増加した。
> **支持文２**：また、③企業の競争力を高めるために、法整備が整っ

164　● Step 3 文章を推敲する

ていない国に工場が移されたり、④現地の人の人権を無視した雇用環境が顕在化したりした。

支持文3：さらに、先進諸国の人々は、外国人に労働を奪われ、失業率が⑤非常に高くなった。

では、問題点を指摘してみましょう。

①と③……具体的にどこの「社会」、「企業」なのかが曖昧です。

②……「理解できず」では、すべての外国人が理解できないような意味にとれますが、過剰に一般化しすぎです（overgeneralization*注）。

④……係り受けが曖昧です。「現地の人が、人権を無視した労働環境で別の現地の人を雇用している」のか、「企業が現地の人の人権を無視している」のかがはっきりしません。

⑤……「非常に」という表現は、主観です。「10%を超えた」などの数値で表現するほうが信頼性を高めます。

　この文章は、確かに1つ1つの文は曖昧なままでも英語にすることができます。しかし、語句を注意深く用いていないので、読み手に正しく意図が伝わるとは限りません。

　では、修正例を見てみましょう。

主旨文　：経済のグローバル化は、①先進国と発展途上国の双方の社会に不安定をもたらす。

支持文1：例えば、安価な労働力として雇用された外国人は、移民先の言葉や文化を②理解できない傾向があり、そのため社会になじめない人が増加した。

支持文2：また、③製造業を中心とする先進国の企業は、競争力を高めるために、法整備が整っていない国に工場を移し、④人権

Section 1　文を正確に表現する　**165**

を無視した環境で 現地の人を 雇用したことが顕在化した。

支持文３：さらに、先進諸国の人々は、外国人に労働を奪われ、失業率が⑤ 10%を超えた国もある 。

　現実には、正確に書こうとすればするほど、多くの資料を調査しなければならず、かなり労力を要する作業になります。しかし、そうしなければ、とくに英語においては、主張を多くの読み手に納得してもらうことは困難なのです。そこで、このユニットでは、まず日本語で語句の用い方の注意点をしっかりと認識していくことにしましょう。

＊注：overgeneralization（過剰一般化）……ある事柄について、妥当性をはるかに超えて過剰に一般化した発言や考え。または、例が少し見られることを根拠に、過剰に一般化するやりかた。
過剰一般化の例：女性はバレンタインデーに好きな男性にチョコレートを贈る。

Unit 1-1　抽象的な名詞を具体的に定義する

　抽象的な名詞や名詞句を用いる際には、できるだけ**具体的に表現する**必要があります。ところが、書き手は、よく知られている単語だからと思い込み、そのまま使ってしまうことがあります。

▶ 世界では、近年、グローバル化が進んでいる。そのため多くの企業では国際的な人材を求めている。

　ここでの「グローバル化」、「国際的な人材」は、よく聞く言葉なので、分かったような気になってしまいますが、「その意味を説明してください」と言われると、なかなかできないものです。実際、定義を調べてみると様々で、一言では表現しにくいものとなっています。この場合、文脈からその語句が何を指しているか、読み手が特定できないと考えられ

166　● Step 3 文章を推敲する

るのであれば、「グローバル化」を「生産活動が、もっとも効率的に行える国に移動する現象」などと書き換える必要があります。また、「国際的な人材」も、「移動先の異なる文化環境でも、実務能力を発揮できる人材」のように説明的に書く必要が出てきます。

元の文章に反映させてみましょう。

▶ 生産活動は、もっとも効率的に行える国に移動する。そのため多くの企業は、移動先の異なる文化環境でも、実務能力を発揮できる人材を必要としている。

こうすれば、より具体的な表現になり、分かりやすくなります。

これとは別に、日本語の名詞は、しばしば文脈に依存して具体的な意味を伝える傾向があります。例えば、「私はその料理が苦手だ」などの表現では、「料理をするのが苦手」なのか、「料理を食べることが苦手」なのかは分かりません。通常は、その文が使われている場面や先行する文脈によって、意味が誤解なく伝わりますが、このような用い方が高じて、抽象的な語句を文脈のない中で提示してしまう例が見受けられます。

例えば、「私は中華料理が苦手です。だから、あまり家では作りません」と表現すると、「中華料理を食べるのが苦手」なのか、「中華料理を作るのが苦手」なのか分かりません。このようなあいまいな表現は、「私は中華料理を作るのが苦手です」や「私は中華料理を食べるのが好きではありません」と明確に区別して表現しなければなりません。

例題

次の下線部を具体的に書き直しましょう。

1. 保育園の待機児童を減らすため、私たちが運動をして、市議会に声を届けよう。

Section 1　文を正確に表現する

ヒント：運動とはどのような運動なのか考えてみましょう。

1. _____

2. その賃金では、人は集まらない。

ヒント：どのような「人」が集まらないのか具体的にしてみましょう。

2. _____

3. 日本の古都である京都の魅力を世界に宣伝し、より多くの観光客を誘致したい。

ヒント：「世界」を具体的な地域名にしてみましょう。

3. _____

4. 道路沿いの家具店では、家庭用の様々な家具を販売している。

ヒント：家具の種類を一部列挙して具体的にしてみましょう。

4. _____

5. 観光道路になっている山道は、途中で車が通行止めになるが、そこから少し歩けば素晴らしい瀬戸大橋の眺めが見える。しかし多くの人は、そこまで行かない。

ヒント：「多くの人」とはどのような人か、「観光道路」をヒントにして、具体的にしてみましょう。

5. _____

例題解答

必ずしも解答と同じでなくても、より具体的に書けていれば構いません。

1. 保育園の待機児童を減らすため、私たちが市民運動［署名運動］をして、市議会に声を届けよう。

「運動」は多義語で、身体を動かすことも運動なら、物理学における物体の移動も運動です。ここでは、「市議会」という言葉から、社会的な運動のことを指していると考えられますから、「市民運動」や「署名運動」のように表現すれば、「運動」の持つ多義性を回避できます。「運動」という言葉を回避して、「私たちが働きかけて」と表現し直してもいいでしょう。

2. その賃金では、期待する技能を持つ人は集まらない。

文脈から特定できないのであれば「私たちが期待する技能を持つ人」という補足も必要になるでしょう。

3. 日本の古都である京都の魅力を欧米や東南アジアの国々に宣伝し、より多くの観光客を誘致したい。

「世界」の代わりに、対象となる地域名を挙げて表現すれば、具体性が出てきます。

4. 道路沿いの家具店では、家庭用のダイニングテーブル・ソファ・椅子・机などを販売している。

「家庭用の様々な家具」の一部を書き出すと、具体性が高まります。

Section 1　文を正確に表現する　169

5. 観光道路になっている山道は、途中で車が通行止めになるが、そこから少し歩けば、素晴らしい瀬戸大橋の眺めが見える。しかし、<u>多くの観光客</u>は、そこまで行かない。

「多くの人」を「多くの観光客」と表現すれば、より具体的になります。

Unit 1-2　形容詞や副詞に具体性をもたせる

　「難しい、美しい、狭い」などの形容詞や「発展的に、迅速に」などの副詞は、主観的な表現ですので、より**具体的に表現する**必要があります。そのまま用いれば、背景知識を共有しない書き手と読み手の間では、認識に大きなずれが生じます。

　また、日本語は、「新しい人事管理のシステムは、あまり効果がみられなかった」のように「主題*注—叙述（何はどんなだ）」の形で容易に文を作ることができるため、誰が「効果がみられなかった」と判断したのか、システムのどのような点について「効果がみられなかった」のかという、「評価者」と「評価の対象」が文の表層に現れないことが多いのです。文章中の文脈から特定できるように書いてあればよいのですが、書き手はつい「読み手も知っている」という思い込みで省略をしてしまいがちです。

> ＊注：主題……これから述べようとすることの範囲を「企画会議は 16 日だ」のように助詞のハで示したもの。

　主観的な評価を表す語は、読み手との認識がずれないように、評価者・評価の対象を明示する工夫が必要です。さらに、評価の比較基準や、具体的な数値を用いれば、より誤解の少ない表現にすることができます。

▶ 新製品のデザインは<u>人気がある</u>。

→新製品のデザインは<u>20代の女性</u>に人気がある。〔評価者を明示〕

▶ その駅の利用客は多い。

→その駅は一日平均10万人を超える利用客がいる。〔具体的な数値〕

▶ このキッチンは使いにくい。

→このキッチンは、背の低い人には使いにくい。〔評価の基準〕

→このキッチンは作業動線が悪い。〔評価の対象〕

　主観的評価を表す形容詞の書き直し方を、表にまとめておきましょう。

形容詞の用い方	例文
1) **評価者**を具体的に表す	新しい社員証のデザインは評判が悪い。 ➡新しい社員証のデザインは社員に評判が悪い。
2) 具体的な**数値**や**表現**で表す	このホールは狭い。 ➡ このホールは30人も収容できないほど狭い。 新しいソフトウェアは、使い勝手が劇的に改善された。 ➡ 新しいソフトウェアは、マウスを一回クリックするだけで、初期画面から目的の機能画面へ直接移ることができる。
3) 評価の**基準**を表す	法隆寺は古い。 ➡ 法隆寺は東大寺よりも古い。

　また、主観的評価を表す副詞も、次のように書き換えます。

主観的な副詞の用い方	例文
1) 具体的な**数値**で表す	出勤時間にいつも遅刻してくる社員は、減俸も検討する。 ➡ 出勤時間に月に3回以上遅刻する社員については、減俸も検討する。
2) 具体的な**表現**で表す	会議では、発展的な議論をするべきだ。 ➡ 会議では、提案に反対するなら、代案を出すべきだ。
3) 評価の**基準**を表す	私たちは、簡単に体重を落とすことはできない。 ➡私たちは、若い時ほど簡単に体重を落とすことはできない。

　主観的な語は、しばしば評価対象に対する肯定的な意味合いや、逆に否定的な意味合いを加えます。「部長の意見はいつも歓迎されている」

Section 1　文を正確に表現する　171

とか「そのプロジェクトは失敗が多い」のように、具体的な数値や表現を示すことなく用いると、単に読み手に与える印象を操作しているように受け取られかねません。読み手の信頼を得るためにも、できるかぎり客観性・具体性を持たせて用いましょう。

例題

次の文中の下線の形容詞・副詞を、具体的に書き直しましょう。

1. 新宿駅は<u>多くの</u>人が利用する。
ヒント：具体的な人数を入れて表現し直してみましょう。

1. _____

2. この中学校の校舎は<u>古い</u>。
ヒント：比較対象「同市内の中学校校舎」を入れて一番古いことを表してみましょう。

2. _____

3. 提起した問題点については、<u>迅速に</u>ご対応いただきたい。
ヒント：「迅速に」を具体的な期限で表現してみましょう。

3. _____

4. 新しい倉庫は、<u>使いやすく</u>設計してほしい。
ヒント：「使いやすく」は「通路の回遊性」という具体的な表現を用いてみましょう。

4. _____

5. お問い合わせの件につきましては、本部で至急対応いたします。

ヒント：「至急」を具体的な表現にしてみましょう。

5. _____

6. ご請求いただきました資料は、朝一番で発送いたします。

ヒント：「朝一番」を具体的にしてみましょう。

6. _____

例題解答

1. 新宿駅は1日平均77万人が利用する。
2. この中学校の校舎は、同市内の中学校校舎の中で一番古い。
3. 提起した問題点については、今週金曜日までにご対応いただきたい。
4. 新しい倉庫は、通路の回遊性を確保した設計にしてほしい。
5. お問い合わせの件につきましては、本部で本日中に対応いたします。
6. ご請求いただきました資料は、午前中に発送いたします。

　このほか、「誠意をもって対応します」なども、「保証書の範囲内で最大限に対応します」などと書き換えることができます。実際には、意図的に明確な表現を避ける場合も少なくないでしょうが、練習で明確にする癖をつけておけば、必要がない場合に変更することは容易です。

Unit 1-3　陳述内容の確からしさを明確にする

　陳述しようとする内容は、事実なのか、可能性が高いだけなのか、もしくは単なる推論にすぎないのかという**「確からしさ」**を**明確**にしなけ

Section 1　文を正確に表現する　173

ればなりません。事実でないことを断定調に書くと過剰一般化 (overgeneralization) になり、読み手の信頼を失うことになります。

次の例文を見てください。

▶ 生命保険業界は、今後 20 年成長し続ける。

この文は、断定調に書かれていますが、未来の予測であって、「確かな事実」と言い切れないことは明らかです。おおざっぱにいっても、3 通りの解釈があり得ます。

1）科学的なデータ分析の結果を述べている。

2）業界の経験値からいって、そう考えるのが妥当である。

3）書き手の主観や信念である。

よく見ると、1）から 3）の順に信ぴょう性は低くなっています。**確からしさを明確**に書き直してみましょう。

1）分析によれば、生命保険業界は、今後 20 年成長し続ける<u>可能性が高い</u>。

2）経験上、生命保険業界は、今後 20 年は成長し続ける<u>はずである</u>。

3）私は、生命保険業界は、今後 20 年成長し続ける<u>と思う</u>。

文脈上、3 通りの意味のどれであるかが特定できるのであれば、断定調で書くことも可能ですが、文脈の解釈は曖昧になりがちです。したがって、できるだけ確からしさを文面に表現するほうが正確に情報を伝えられます。

このほか、日本語では「昨日のプレゼンテーションでは、緊張して<u>全然話せなかった</u>」という表現がされることがありますが、これを文字通り一言も言葉を発しなかったと考えるのは困難です。本当のところは、「<u>望むようには</u>全然話せなかった」という意味で用いているのでしょう。陳述内容の**確からしさ**は、「おそらく」、「たぶん」、「〜のはずだ」、「〜かもしれない」、「〜だろう」、「あまり〜ない」、「〜の傾向がある」などの語や表現を付加することで、**できるだけ正確に書かなければなりません**。

174 ● Step 3 文章を推敲する

例題

次の陳述内容の確からしさをできるだけ明確に書き直しましょう。

1. 山田君は、休暇をとるメールを課長に<u>出しています</u>。山田君がそう言っていました。

ヒント：書き手は、メールを出したことは直接知りません。

1. _____

2. 立食パーティでは、名刺交換に忙しくて、食事が<u>食べられなかった</u>。

ヒント：全く食べられなかったわけではないことを表現してみましょう。

2. _____

3. 食物が多少不衛生でも、お腹を壊すことは<u>ない</u>。

ヒント：書き手の主観的な判断だと分かる表現にしてみましょう。

3. _____

4. 若者はポップ音楽を<u>好む</u>。

ヒント：ポップ音楽を好む若者がよく見られるという表現に変えてみましょう。

4. _____

5. 国民の政治への無関心は、政治の腐敗を<u>招く</u>。

ヒント：確からしさの程度をいくつか表現し分けてみましょう。

5. _____

Section 1　文を正確に表現する　175

6. 在宅勤務は、女性の活躍を推進する。

ヒント：書き手の信念であることを表現してみましょう。

6. _____

7. 日本では、もう不動産の値段が上がることはない。

ヒント：予測であることを表す副詞を入れてみましょう。

7. _____

例題解答

1. 山田君は、休暇をとるメールを課長に出しているはずです。
2. 立食パーティでは、名刺交換に忙しくて、ほとんど食事が食べられなかった。
3. 食物が多少不衛生でも、お腹を壊すことはないだろう。
4. 若者はポップ音楽を好む傾向がある。
5. 国民の政治への無関心は、政治の腐敗を招くに違いない。
   国民の政治への無関心は、政治の腐敗を招きかねない。
   国民の政治への無関心は、政治の腐敗を招く可能性がある。
6. 私は、在宅勤務は、女性の活躍を推進すると思う。
   私は、在宅勤務は、女性の活躍を推進すると信じる。
7. 日本では、おそらく[たぶん]もう不動産の値段が上がることはない。

✎ Unit 1-4　修飾語句の係り先を明確にする

　修飾語句を用いる際には、どこに係っているのかを明確にしなければなりません。文は、語を一語ずつ順番に並べて作ることしかできないた

176　● Step 3 文章を推敲する

め、語数が増えてくると、修飾語句の係り先が不明瞭になりがちです。これは、複数の解釈を生まない表現に書き換えなければなりません。

　誤訳しやすい例と解決策をいくつか見ていきましょう。次に挙げるのは、「黒い髪をした」がどこまで係っているのかを、いくつかの工夫によって解消した例です。

▶ その飾り棚にあるのは、黒い髪をした少女の持っていた人形です。

→① その飾り棚にあるのは、人形です。黒い髪をした少女が持っていました。〔文を切る〕

→② その飾り棚にあるのは、少女の持っていた黒い髪をした人形です。〔修飾語を被修飾語に隣接させる〕

→③ その飾り棚にあるのは、黒い髪をした少女が持っていた人形です。〔助詞を書き換える〕

　次は、「友人が」がどこまで係っているのかを明確にした例です。

▶ 友人がそのコインを入手して売却してくれる人を探してくれた。

→① 友人がそのコインを入手してくれた。また、それを売却してくれる人を探してくれた。〔文を切る〕

→② コインを入手した友人が、それを売却してくれる人を探してくれた。〔友人の行為を連体修飾（名詞節）にする〕

→③ 友人がそのコインの入手と売却の両方をしてくれる人を探してくれた。〔文の表現を変更する〕

　次は、「名札を付けた」がどこまで係っているのかを明確にする工夫です。

▶ ロビーに、名札を付けた職員と救急隊員が待機しています。

→① ロビーに、救急隊員と名札を付けた職員が待機しています。〔語を並べ替える〕

Section 1　文を正確に表現する　　177

→② ロビーに、名札を付けた職員と<u>白衣を着た</u>救急隊員が待機しています。〔別の修飾語を入れる〕

　修飾語句の係り先が不明瞭だと、英訳の際にも支障が出ますから、日本語を書く際にも常に気を配るように習慣付けておきましょう。

例題

修飾語句の係り先を明確にしましょう。

1. 彼は、以前交通事故で<u>入院していた叔父の息子</u>です。
ヒント：文を切って、交通事故で入院していたのが叔父だという意味と、息子だという意味の両方の場合を書いてみましょう。

1. ＿＿＿＿＿＿＿＿＿＿＿＿＿＿＿＿＿＿＿＿＿＿＿

2. <u>部長が議事録を作りスペイン語に翻訳してくれる人</u>を探しています。
ヒント：議事録を作るのが部長であることを明確にするため、「部長が議事録を作り」の部分を連体修飾（名詞節）にしてみましょう。

2. ＿＿＿＿＿＿＿＿＿＿＿＿＿＿＿＿＿＿＿＿＿＿＿

3. これが<u>伊豆に行ったときの彼の写真</u>です。
ヒント：文の表現に「撮った」を加えて「彼が写っている写真」だという意味と、「彼が撮影した写真」だという意味の両方の場合を書いてみましょう。

3. ＿＿＿＿＿＿＿＿＿＿＿＿＿＿＿＿＿＿＿＿＿＿＿

4. 会議では、<u>社員を教育する立場にある課長と部長</u>が意見を交換した。

ヒント：「社員を教育する立場にある」が「課長」だけに係るように助詞を工夫してみましょう。

4. _____

5. ここにまとめたものが、<u>会社の担当者の評価</u>です。

ヒント：「の」をどちらか1つ書き換えて、「会社の評価」だという意味と、「担当者の評価」だという意味の両方の場合を書いてみましょう。

5. _____

6. 受付には、<u>きれいな花瓶に生けられた花</u>が飾ってある。

ヒント：「きれいな」が「花」にだけ係るように修飾語の位置を変えてみましょう。

6. _____

7. その棚に<u>包装した菓子とワイン</u>が入っている。

ヒント：「包装した」が「菓子」にだけ係るように、ワインに「リボンを掛けた」という修飾語を付けてみましょう。

7. _____

例題解答

1. ① 彼は、叔父の息子です。以前叔父は、交通事故で入院していました。
   ② 彼は、叔父の息子です。以前（息子は）交通事故で入院していました。
   〔①②ともに文を切る〕

2. <u>部長が作る議事録</u>をスペイン語に翻訳してくれる人を探していま

Section 1　文を正確に表現する　　179

す。〔部長の行為を連体修飾（名詞節）にする〕

3. ① これが伊豆に行ったとき、彼を撮った写真です。

　 ② これが伊豆に行ったとき、彼が撮った写真です。

　〔①②ともに、助詞「の」の繰り返しを避けて、表現を変える〕

4. 会議では、社員を教育する立場にある課長が部長と意見を交換した。

　〔助詞を変える〕

5. ① ここにまとめたものが、会社による担当者の評価です。

　 ② ここにまとめたものが、会社の担当者による評価です。

　〔「の」を「による」に書き換える〕

6. 受付には、花瓶に生けられたきれいな花が飾ってある。

　〔修飾語を被修飾語に隣接させる〕

7. その棚に包装した菓子とリボンを掛けたワインが入っている。

　〔別の修飾語を入れる〕

Unit 2 英語を正確に表現する

このユニットからは、今まで日本語で確認してきた、正確な表現のしかた4つを、同様に英語で学んでいきましょう。英語でも、推敲をする際に注意が必要な点は同じです。

1. 抽象的な名詞を具体的に定義する
2. 形容詞や副詞に具体性をもたせる
3. 陳述内容の確からしさを明確にする
4. 修飾語句の係り先を明確にする

Unit 2-1 抽象的な名詞を具体的に定義する

抽象的な名詞を使用すると、読み手に具体的な内容が伝わりにくくなるのは、日本語・英語に共通する問題です。それを回避する方法を5つ、紹介しましょう。

1. 定義する 抽象語は、書き手と読み手の意味の解釈に乖離が生じやすいので、定義をしてから用いると誤解がなくなります。

▶ Since the advent of ① globalization, industry has suffered and many factory workers in developed countries have lost their jobs.

（グローバル化が始まって以来、産業が影響を被り、先進国の多くの工場労働者が職を失った）

➡ ① Globalization refers to the free movement of goods, capital, services, people, technology and information. Since the advent of globalization, industry has suffered and many factory workers

Section 1 文を正確に表現する **181**

in developed countries have lost their jobs.

（グローバル化とは、商品、資本、サービス、人、技術、情報が自由に移動することをいう。グローバル化が始まって以来、産業が影響を被り、先進国の多くの工場労働者が職を失った）

2. 具体例を列挙する すべての例を列挙しきれない場合は、一部を代表例として挙げ、残りをその他として添えます。

▶ ② Many universities are now on summer vacation.

（多くの大学は今夏休み中である）

➡ ② Waseda, Keio and other private universities in Tokyo are now on summer vacation.

（早稲田大学、慶応大学やその他の私大は、今夏休み中である）

3. 上位語を下位語にする 広い概念を指す語を、より小さな概念を指す語に書き換えます。

▶ We need ③ some furniture for our new office.

（私たちは新しいオフィスに少し家具が必要だ）

➡ We need ③ desks, chairs, and bookshelves for our new office.

（私たちは新しいオフィスに机、椅子、本棚が必要だ）

4. 誰なのかを明示する 行為者の具体名が特定できなくても、some、everyone などと表現せず、できるだけ具体的に表現します。

▶ ④ Some said that his paintings were obscene.

（彼の絵が卑猥だという人もあった）

➡ ④ Victorian art critics said that his paintings were obscene.

（ビクトリア朝時代の美術評論家たちは、彼の絵を卑猥だと言った）

182　● Step 3 文章を推敲する

例題

抽象的な名詞を具体的に書き換えてみましょう。

1. ① <u>Everyone</u> in our office wants ② <u>success</u>.（我が社の誰もが成功を望んでいる）

ヒント：everyone を「過半数の社員」、success を「昇進と昇給」に換えて表現しましょう。

1. _____

2. <u>Most vehicles</u> are allowed to park here.（ほとんどの乗り物はここに駐車できる）

ヒント：Most vehicles を下位語である「車、オートバイ、バス」で表現してみましょう。逆に、「タクシー、トラック、観光バスは駐車できない」という表現も作ってみましょう。

2. _____

3. Governments in <u>some earthquake-prone countries</u> use early warning systems to alert the public to potentially hazardous tremors.（地震が多発するいくつかの国の政府は、早期警報システムを使って、国民に危険な可能性のある揺れに対して警戒態勢をとらせるようにしている）

ヒント：some earthquake-prone countries に「日本やメキシコ」を例として足してみましょう。

3. _____

4. Over 50% of primary teachers responded that students these

Section 1　文を正確に表現する　183

days have <u>too much freedom</u>.（小学校の教師の 50％以上は、最近の生徒たちが過剰に自由であると答えている）

ヒント：freedom という語を、The term "freedom" is used here to mean the state of … という表現を用いて、「自由という言葉は、ここでは、何か楽しくないことから免除されたり、開放されたりする状態の意味で用いられている」と定義をしてみましょう。

4. _____

例題解答

1. ① <u>The majority of workers</u> in our office want ② <u>a promotion and a wage increase</u>.（我が社の過半数の社員は、昇進と昇給を望んでいる）

everyone（すべての人）という語は、実際にすべてでない限り、過剰に一般化しすぎで、具体性を欠きます。また、success（成功）が何であるかは、人によって解釈が異なりますので、具体的に表現しないと誤解が生じます。

2. <u>Cars, motorcycles and buses</u> are allowed to park here.（車、オートバイ、そしてバスはここに駐車できる）

<u>Taxies, trucks and sightseeing buses</u> are not allowed to park here.（タクシー、トラック、そして観光バスはここに駐車できない）

Commercial vehicles are not allowed to park here.（商用車はここに駐車できない）とも言えますが、駐車してはいけない車種を限定するのが目的なら、より詳しく、具体的な車種を列挙するとよいでしょう。

3. Governments in some earthquake-prone countries, <u>such as</u>

184　● Step 3 文章を推敲する

Japan and Mexico, use early warning systems to alert the public to potentially hazardous tremors. （地震が多発する日本やメキシコなどの国の政府は、早期警報システムを使って、国民に危険な可能性のある揺れに対して警戒態勢をとらせるようにしている）

具体例が全部列挙できない場合は、いくつかの実例を挙げます。

4. Over 50% of primary teachers responded that students these days have too much freedom. The term "freedom" is used here to mean the state of being exempt or released from something unenjoyable. （50%を超える小学校の教師は、最近の生徒たちが過剰に自由であると答えている。「自由」という言葉は、ここでは、「何か楽しくないことから免除されたり、開放されたりする状態」の意味で用いられている）

この文脈では、freedom を正確に定義しないと、書き手と読み手の理解がかみ合わなくなる可能性があります。

Unit 2-2　形容詞や副詞に具体性をもたせる

　英語でも主観的な意味をもつ marvelous, difficult, fantastic, useless などの形容詞や very, definitely などの副詞は、そのまま用いると、背景知識を共有しない書き手と読み手の間では、認識に大きな乖離が生じます。これらの主観的な評価を表す語は、比較の基準を用いれば、基準よりは難しい、または容易だと表現でき、具体性が出てきます。英語には、形容詞と副詞に比較級・最上級がありますが、比較するための文法手段をもつということは、概念を具体化しようとする傾向が強い証しだといえるでしょう。

　では、評価を表す語の正確な用い方を、日本語で学んだときと同様の

Section 1　文を正確に表現する　185

表にまとめておきましょう。

形容詞の用い方	例文
1) **評価者**を具体的に表す	The new design of the employee ID card is unpopular. ➡ The new design of the employee ID card is unpopular with employees. （新しい社員証のデザインは評判が悪い→新しい社員証のデザインは社員に評判が悪い）
2) 具体的な**数値**や**表現**で表す	This music hall is small. ➡ This music hall is so small it can't even seat 30 people. （この音楽ホールは狭い。→この音楽ホールは30人も収容できないほど狭い） We must have positive discussion in our meetings. ➡ In our meetings, we must present an alternative plan if we are opposed to the one submitted. （会議では、発展的な議論をするべきだ。→会議では、提案に反対するなら、代案を出すべきだ）
3) 評価の**基準**を表す	Horyuji Temple is old. ➡ Horyuji Temple is older than Todaiji Temple. （法隆寺は古い。→法隆寺は東大寺よりも古い）

また、主観的な評価が入る副詞も、次のように書き換えます。

主観的な副詞の用い方	例文
1) 具体的な**数値**で表す	An employee who is often late for work may receive a pay cut. ➡ An employee who is late for work more than three times a month may receive a pay cut. （出勤時間によく遅刻する社員は、減俸も検討する。→月に3回以上遅刻する社員は、減俸も検討する）
2) 具体的な**表現**で表す	The new software has dramatically improved usability. ➡ The new software allows you to move from the main menu to the desired function menu with just a single click of the mouse.

		(新しいソフトウェアは、使い勝手が劇的に改善された→新しいソフトウェアは、マウスを一回クリックするだけで、初期画面から目的の機能画面へ移ることができる)
3)	評価の基準を表す	We cannot lose weight easily. ➡ We cannot lose weight as easily as we could when we were younger. (私たちは、簡単に体重を落とすことはできない→私たちは、若い時ほど簡単に体重を落とすことはできない)

例題

次の文中の下線の主観的な表現を、具体的に書き直しましょう。

1. Shinjuku Station is used by many people.
   (新宿駅は多くの人が利用する)
   ヒント：many を「1日平均 77 万人」と表現し直してみましょう。

1. _____

2. This junior high school building is old.
   (この中学校の校舎は古い)
   ヒント：比較対象を入れて「市内の中学校校舎の中で一番古い」と表現してみましょう。

2. _____

3. Please respond to the concern we have raised as quickly as possible. (提起した問題点については、迅速に対応いただきたい)
   ヒント：「迅速に」を具体的に「今週金曜日まで」としてみましょう。

3. _____

4. We would like you to design our new warehouse to be user-friendly. (新しい倉庫は、使いやすく設計してほしい)

ヒント：「使いやすい」は「通路の回遊性を確保した」という具体的な表現にしてみましょう。[the smooth flow of traffic（通路の回遊性）]

4. _____

5. The new employee is well-suited to her job. (その新入社員は、その仕事に向いている)

ヒント：「向いている」と評価しているのが、具体的には新入社員の同僚らであることを表現してみましょう。[agree]

5. _____

例題解答

1. Shinjuku Station is used by an average of 770,000 people per day. (新宿駅は1日平均77万人が利用する)

2. This junior high school building is the oldest of all the junior high schools in the city. (この中学校の校舎は、市内の中学校校舎の中で一番古い)

3. Please respond to the concern we have raised by this Friday. (提起した問題点については、今週金曜日までに対応いただきたい)

4. We would like you to design our new warehouse to ensure the

188 ● Step 3 文章を推敲する

smooth flow of traffic.（新しい倉庫は、通路の回遊性を確保したデザインにしてほしい）

5. The new employee's coworkers agree that she is well-suited to her job.（その新入社員の同僚らは、彼女がその仕事に向いていると認めている）

✐ Unit 2-3　陳述内容の確からしさを明確にする

　英語でも、陳述しようとする内容が事実なのか、可能性が高いだけなのか、もしくは単なる推論なのかという**「確からしさ」を明確**にしなければ、読み手の信頼を得ることはできません。そのため、断定するだけの証拠が揃えられない場合には、probably, can be, likely, often, almost などの語句を用いる必要があります。確からしさを明確に表現すれば、読み手は、「断定調で書いてあるものは事実、probably などを用いているものは推論」であることを容易に区別でき、書き手への信頼を高めるでしょう。次の修正例で確認してください。

▶ Doing an internship is recommended as a way of getting experience while at college. Most companies pay you for your work, so you will <u>never need</u> to worry about how you are going to pay your tuition fees.（大学時代には、経験を積むため、インターンシップに参加することをお勧めします。ほとんどの会社は仕事に対価を支払いますから、受講料を払う心配は<u>全くありません</u>）

➡ Doing an internship is recommended as a way of getting experience while at college. Most companies pay you for your work, so you <u>probably will not need</u> to worry about how you are going to pay your tuition fees.（大学時代には、経験を積むた

Section 1　文を正確に表現する　　**189**

め、インターンシップに参加することをお勧めします。ほとんどの会社は仕事に対価を支払いますから、受講料を払う心配はおそらくありません）

▶ We use data from that organization because its services have always been regarded as trustworthy.
（私たちは、その組織のデータを使いますが、それは常々そこのサービスの信頼性が高いとみなされているからです）

➡ We use data from that organization because its services are widely regarded as trustworthy.（私たちは、その組織のデータを使いますが、それは広くそこのサービスの信頼性が高いとみなされているからです）

日本語・英語のどちらであっても、**陳述内容の確からしさを過剰に一般化した表現は避けなければなりません。**

例題

次の英文を読み、下線部の確からしさを明確にしましょう。

1. There is no evidence that any people have become sick due to exposure to the lead in the building.（建物内の鉛にさらされたために、誰かが病気になったという証拠はない）
ヒント：「証拠はほとんどない」という表現に変えてみましょう。

1. _____

2. Young people like pop music.（若者はポップ音楽が好きである）
ヒント：頻度を表す副詞を使って「若者はだいたい」という表現に変

えてみましょう。

2. _____

3. In an aging country, people <u>no longer care</u> for sports cars.
（高齢化が進む国では、人々はもうスポーツカーを好まない）
ヒント：「〜かもしれない」という確信度の低い助動詞を使った表現に
変えてみましょう。

3. _____

4. The indifference of the people towards politics <u>contributed</u> to
the corruption of politicians. （国民の政治への無関心は、政治家の
腐敗のもとになった）
ヒント：副詞を用いて「政治家の腐敗のもとになった<u>可能性がある</u>」
に書き換えてみましょう。

4. _____

5. Teleworking <u>promotes</u> women's active participation in society.
（在宅勤務は、女性の活発な社会参画を推進する）
ヒント：助動詞を使って、事実らしさの程度を下げて「推進する<u>だろう</u>、
推進する<u>可能性がある</u>」と表現しましょう。

5. _____

例題解答

1. There is <u>almost no evidence</u> that any people have become sick
due to exposure to the lead in the building. （建物内の鉛にさらさ

Section 1　文を正確に表現する　　191

れたために、誰かが病気になったという証拠はほとんどない）

「証拠がない」と言い切れない場合には、表現を弱める必要があります。

2. Young people often like pop music.

（若者はだいたいポップ音楽が好きである）

「全ての若者はポップ音楽が好きだ」というのは過剰一般化だと考えられますので、表現を弱めます。usually（ふつうは）でも過剰一般化だと思われるのであれば、often 程度にとどめます。副詞ではありませんが、Young people tend to like pop music.（若者はポップ音楽を好む傾向がある）と表現することもできます。

3. In an aging country, people may not care for sports cars. （高齢化が進む国では、人々はもうスポーツカーを好まないのかもしれない）

「高齢化が進む国では、人々はもうスポーツカーを好まない」というのは過剰一般化だと考えられますので、表現を弱めます。助動詞の確信度は、およそ must/will/would/should/can/may/might/could の順に弱くなります。用意できるデータによって、適切なものを選択するとよいでしょう。

4. The indifference of the people towards politics probably contributed to the corruption of politicians. （国民の政治への無関心は、政治家の腐敗のもとになった可能性がある）

「国民の政治への無関心は、政治家の腐敗のもとになった」と断定するだけのデータがないのであれば、「可能性がある」という表現に変える必要があります。

5. Teleworking can promote women's active participation in

192　● Step 3 文章を推敲する

society.（在宅勤務は、女性の活発な社会参画を推進するだろう）

can は「～するはずだ、～だろう、～の可能性がある」という書き手の確信を表します。may, might, could を用いると、順に確信度が can よりも下がっていきます。

✏ Unit 2-4　修飾語句の係り先を明確にする

　正確な情報伝達には、**修飾語句の係り先を明確にする必要がある**のは、日本語・英語ともに同様です。ここでは、英語で修飾語句の係り先を明確にする工夫を5つに分けて紹介します。

1. 形容詞や副詞は、被修飾語句の直前に置く

彼女は電車で女性用の白い財布を見つけた。

× She found a white woman's purse on the train.

〔「白人女性用の財布」というおかしな意味になる〕

○ She found a woman's white purse on the train.

ケイトはちょうど時間通りについた。

× Just Kate arrived on time.

〔「ケイトだけが時間通りについた」という意味になる〕

○ Kate arrived just on time.

2. 前置詞句や分詞句は、被修飾語の直後に置く

アンディは、その店でストライプ生地のソファを買った。

× Andy bought a sofa at the store with striped fabric.

〔「ストライプ生地で覆われた店」という意味になる〕

○ Andy bought a sofa with striped fabric at the store.

Section 1　文を正確に表現する　193

3. 文全体を修飾する分詞句や副詞は、カンマを打つ

任期の終わりに、彼は体調が悪いことを理由に職を辞した。

○ At the end of the term he resigned his position, giving ill health as his reason.

幸いなことに、彼らはその計画に反対した。

× They didn't happily agree with the plan.〔「彼らは計画に喜んで賛成したわけではなかった」という意味になる〕

○ Happily, they didn't agree with the plan.

4. 関係節は、先行詞の直後に置く

その会社が提供したトラックが、オートバイを轢いてしまった。

× The truck ran over a motorcycle which was provided by the company.〔「トラックは、その会社が提供したバイクを轢いた」という意味になる〕

○ The truck which was provided by the company ran over a motorcycle.〔The truck provided by the company ran over a motorcycle. という表現も可〕

5. 副詞節は文の直前か直後に置く

× I told the customer when the new PC arrived I would come and set it up.（私は、新しいPCが到着した際に、そちらへ設定しに行くと顧客に言った）〔副詞節がどこに係るか分かりにくい〕

○ When the new PC arrived, I told the customer I would come and set it up.（新しいPCが到着した際に、私は顧客に「そちらへ設定しに伺います」と言った）

○ I told the customer I would come and set up the new PC when

194　● Step 3 文章を推敲する

it arrived. (私は顧客に「新しいPCが到着したら、そちらへ設定しに伺います」と言った)

　以上の例から、修飾語句は、できるだけ被修飾語のそばに置くか、あるいは文全体に係る場合は文頭か文末に置けば、係り先が明確になることが分かります。

例題

修飾語句の係り先を日本語と同じ意味になるように明確にしてみましょう。

1. Damaged Yuki's car is parked on the side of the road.
   （ユキの壊れた車が道の横に止められている）
   ヒント：ダメージを受けたのがYukiではなく、Yuki's carであることを明確にしてみましょう。

1. _____

2. He had a cold glass of water after exercising.
   （彼は運動したあとに、冷たい水をグラス一杯飲んだ）
   ヒント：coldがglassではなく、waterに係ることを明確にしましょう。

2. _____

3. We ate the lunch that we had bought secretly.
   （私たちは買ったランチを内緒で食べた）
   ヒント：内緒なのは、「ランチを買ったこと」ではなく、「ランチを食べたこと」であることを明確にしてみましょう。

3.

4. We saw the mountain behind the cottage <u>covered with foliage</u>.
（山小屋の後ろに、葉っぱに覆われた山が見えた）

ヒント：葉っぱに覆われているのは山であることを明確にしましょう。

4.

5. The boss said <u>after the data was processed</u> Yasuda-san would hand in the weekly report.（上司は、データの処理が終わったら安田さんが週報を提出してくれるだろうと言った）

ヒント：この文は、副詞節がどこに係るか分かりにくくなっています。after the data was processed の位置を変えて、係り受けを明確にしましょう。

5.

6. A wind blew across the town <u>that was filled with the smell of flowers</u>.（花の匂いでいっぱいの風が、街を吹き抜けた）

ヒント：「花の匂いでいっぱい」なのは、the town ではなく、a wind であることを明確にしましょう。

6.

例題解答

1. <u>Yuki's damaged car</u> is parked on the side of the road.

Damaged Yuki's car を、Yuki's damaged car にすれば、係り先が明確になります。

196 ● Step 3 文章を推敲する

2. He had a glass of cold water after exercising.

water を修飾したい場合は、直前に cold を置きます。

3. We secretly ate the lunch that we had bought.

副詞 secretly を ate の直前に置けば、係り先が明確になります。

4. We saw the mountain covered with foliage behind the cottage.

the mountain を修飾するには、直後に分詞句 covered with foliage を置きます。

5. The boss said Yasuda-san would hand in the weekly report after the data was processed.

after- 節を文末に置けば、上司の発言は、Yasuda-san 以下のすべてだったことが明確になります。After the data was processed, the boss said Yasuda-san would hand in the weekly report. のように after- 節を文頭に置けば、「データ処理の後に、上司の発言がなされたこと」が明確になります。

6. A wind that was filled with the smell of flowers blew across the town.

関係節を先行詞 a wind の直後に置きます。関係節部分を分詞句で表現して A wind filled with the smell of flowers blew across the town. としても構いません。

Section 1 文を正確に表現する　197

Section 1 まとめ

　これで、文を正確に表現する学習は終了です。日本語と英語の両方で細かな言葉遣いや係り受けに気を付けることができるようになりましたか？できるようになったことを確認して、✓を入れてみましょう。

□ 抽象的な名詞・形容詞・副詞は、具体的に表現する必要があることが分かった。

> **No**なら Unit 1-1&1-2 と Unit 2-1&2-2 へ戻る

□ 陳述内容は、確からしさを正確に表現する必要があることが分かった。

> **No**なら Unit 1-3 と Unit 2-3 へ戻る

□ 修飾語句は、係り先を明確にする必要があることが分かった。

> **No**なら Unit 1-4 と Unit 2-4 へ戻る

198　● Step 3 文章を推敲する

Section 1　文を正確に表現する

Section 2

パラグラフの伝達構造を適切にする

　パラグラフを的確に表現するには、語句レベルの正確さに気を配るだけでは不十分です。パラグラフは、複数の文から成り、全体でひとまとまりの情報になっていますから、それぞれの文の情報が、読み手にとってすんなりと理解が進む順番で提示しなければなりません。これを実現するのが、「読み手が既に知っている情報→読み手が知らない新しい情報」の順に伝えるやり方です。日本語・英語のどちらも、読みやすい文は、この順に並んでいます。

　Section 2 では、この順の作り方を学びますが、まず、Section 1 のときと同様、日本語を用いて学習します。その後、英語で学ぶことによって、より深い気づきを得ながら、練習をしていきます。

Unit 1　日本語パラグラフの伝達構造を適切にする

　文の情報は、「読み手が既に知っていること→読み手が知らない新しいこと」の順に伝えると、すんなりと理解が進んでいきます。この「**既出の情報（＝旧情報）→新情報**」の順に並ぶ構造を、言語学では「情報構造」と呼びますが、本書では、より直感的に分かりやすいように、「**伝達構造**」と呼ぶことにします。この構造は、言語に汎用的なものですから、日本語で理解を深めておくと、英作文の際にも大変役立ちます。それでは、適切な伝達構造の例を見てみましょう。

▶ 貴重な宝石が泥棒に盗まれた。そいつは、鍵のかかった金庫からそれを盗んだ。その金庫は鍵が壊されて開けられていた。

200　● Step 3 文章を推敲する

下線部の「そいつ」、「それ」、「その金庫」は、それぞれ先行する文で一度述べた「泥棒」、「宝石」、「鍵のかかった金庫」という既出情報を指しており、そのあとに新しい情報を述べる形をとっています。本書では、このように、先行する文の情報を後続する文の一部に取り込んだうえで、文全体を「旧情報→新情報」の**伝達構造**にすることを**参照**[注]と呼びます。

　日本語・英語ともに、先行する文のどの部分を取り立てて、さらに新情報を述べようとしているのかを明確にしながら書き進めることは、読みやすいパラグラフを作るうえで、最も重要な技法の１つです。

> ＊注：言語学では、前に出てきたものを指していることを照応という。また、「泥棒」と「そいつ」は、照応関係と呼ぶ。

　次の８つは、正しい**伝達構造**を作るための、**参照**のしかたを示したものです。

① 先行する文の語句と同じ名詞や、その代名詞を用いる

- ▶ 隣人が友人や親戚を招いて、パーティを開いた。隣人は、たくさんの料理を用意していた。
- ▶ 髪の長い女性が、向こうから歩いてきた。すれ違いざまに、彼女はこちらを見た。
- ▶ 手土産のお菓子を買いました。これを会社の同僚に差し入れます。

② 先行する文の一部、または全部を用いる

- ▶ その学校は、毎回の授業のポイントや教材をブラウザで見ることができるようにしている。これのおかげで受講者はノートをとらずに、話に集中することができる。

Section 2　パラグラフの伝達構造を適切にする　201

③ 先行する文の概要を用いる

▶ 会社は、サービス残業の実態を改善する案を打ち出した。例えば、サークル活動以外の私的な在社を原則禁止し、自己啓発などは業務として扱うようにした。こうすることで、19時から翌朝6時までの業務をなくすことを目指している。

④ 類語を用いる（パラフレーズ）

▶ 彼女はとても所作が美しい。1つ1つの動きに心が行き届いているようだ。

⑤ 包摂関係（上位語と下位語の関係）のある語を用いる　新聞⇔日経

▶ 昨日の新聞を読んだ。その記事には、シェアハウスに年金をもらっている老人が入居していることが書いてあった。日経はよくこのような社会的な変遷を取り上げているように思う。

＊「このような社会的な変遷」は、「シェアハウスに年金をもらっている老人が入居していること」のパラフレーズです。

⑥ 既出語彙と同じ意味的場に属する語句を使う

▶ 仕事で疲れ切って、ようやく家についた。ドアを開けてシャワーを浴びると、倒れるようにベッドで眠り込んだ。

⑦ ゼロ参照を用いる〔参照した語句を省略して参照する方法〕

▶ 私の父は東京の会社に勤めている。（私の父は）ほどなく定年だ。

⑧ 書き手が読み手と心的空間において連想ネットワークを共有し、結び付きがあると考える語句を用いる

▶ 花火大会が今年も終わった。夏はもう終わったのだ。

このうち、①〜⑥は、英語でも行われます。⑦は、既出の語句を省略して**参照**するやり方です。これは日本語の特徴ですが、読み手にとって、**ゼロ参照**が指しているものが何であるかを容易に特定できるような用い方をしなければなりません。⑧の例は、文化色の濃い使い方だといえます。英語にもこの**参照**の方法はありますが、書き手と読み手に共有知識がないと、うまくつながりません。例えば、日本人にとっては、「花火大会」から「夏」は容易に連想できる言葉ですが、花火大会を夏に行う習慣のない文化圏の人たちにとっては、2つの文のつながりを理解するのは困難でしょう。連想を用いた**参照**は、書き手と読み手が同じ連想ネットワークを共有しているときにのみ成功するものであり、異なる背景的知識や文化を持つ人々とのコミュニケーションにおいて、期待通りの結果を得ることは困難です。英語にした際にも理解されやすい日本語を書くためには、できるだけ**参照**のしかたは、①〜⑦の方法が望ましいと考えられますので、この章では、①〜⑦までを用いる練習をします。

Unit 1-1　先行する語句と同じ名詞や代名詞を用いる

旧情報を指しながら文をつなぐ一般的な方法として、先行する文内の語句と同一の名詞や、その代名詞を用いるやりかたがあります。このタイプの**参照**は、とくに代名詞を用いる際に、どの語句を指しているのか誤解のないようにすることが大切です。いくつか例を見てみましょう。

▶ 訪れた果樹園では、とれたてのぶどうを頂いた。<u>それ</u>は皮ごと食べられて、とても甘みが強いものだった。

この場合、「それ」は、前出の「ぶどう」を間違いなく指しています。「それ」が「果樹園」を**参照**していないのは、直前の名詞が「ぶどう」であること、そして「皮ごと食べられて…」という表現が続くことから

Section 2　パラグラフの伝達構造を適切にする　203

も分かります。

▶ ×この地域では梨の栽培が始まり、普及した。これは、明治以降のことである。

　この例の場合、「これ」が指す語句を探してみると、「栽培」か「普及」のどちらも候補になる可能性があります。そのため「栽培」が明治以降なのか、「普及」が明治以降なのかが分からないのです。このような場合は、次のように**同一の語を用いて参照**したほうがよいでしょう。

▶ ○この地域では梨の栽培が始まり、普及した。栽培は、明治以降のことである。

　代名詞だけでは参照しているものが分からない場合には、「**代名詞＋名詞**」にすると、明確になります。

▶ ×その国立公園の自然は美しい。それに多くの観光客が驚く。
▶ ○その国立公園の自然は美しい。その美しさに多くの観光客が驚く。

　「その美しさ」と表現することで、国立公園ではなく、「国立公園の自然」を指していることがはっきりします。

例題

ヒントに従って、下線部をより正確な参照をする語句に変えましょう。

1. 日本では、様々なロボットが開発され、発達してきた。これは、幅広い分野から支持されている。

ヒント：下線部の「これ」が先行する「開発」を指すことを明確にしましょう。

1. _____

2. 日本人の原点とも言われる、縄文文化。それが、青森県にある巨大

遺跡、三内丸山である。

ヒント：「それ」を用いて参照すると、「縄文文化＝青森県にある巨大
遺跡、三内丸山である」の意味に解釈されてしまいます。三内丸山は
あくまで、縄文文化を象徴する遺跡であることを示しながら参照しま
しょう。

2. _____

3. 周辺のぶどうの栽培地では、13世紀ごろにワイン造りが始まった。
   <u>これ</u>が評判となり、広く人々に知られるようになった。

ヒント：「これ」が「ワイン造り」ではなく、「ワイン」を指すように「代
名詞＋名詞」の形を用いて表現してみましょう。

3. _____

4. バス停近くに美味しい焼きたてパンの店ができた。<u>それ</u>は、彩りが
   豊かで、目を楽しませてくれる。

ヒント：「それ」がパンを指すのか店を指すのか分かりませんので、パ
ンを指すようにしてみましょう。

4. _____

5. 『びっくりシェフの料理』は、人気のシェフが考案した家庭でも作
   れるレシピを検索できるサイトです。<u>これ</u>は、たくさんの経験を積
   んだシェフが、あっと驚くアイデアや、いままで知らなかったコツ
   を提案してくれます。

ヒント：「これ」が「レシピ」ではなく、「サイト」を指すようにして
みましょう。

5. _____

Section 2　パラグラフの伝達構造を適切にする　　205

例題解答

1. 日本では、様々なロボットが**開発**され、発達してきた。**開発**は、幅広い分野から支持されている。

「これ」が「ロボットが発達してきたこと」を指すと誤解されないためには、「開発」を再度繰り返し用います。もし、「ロボットが発達してきたこと」を指すならば、「発達」とします。

2. 日本人の原点とも言われる、**縄文文化**。**その象徴**が、青森県にある巨大遺跡、三内丸山である。

「その象徴」と表現すれば、「縄文文化の象徴が、青森県にある巨大遺跡、三内丸山である」という解釈になり、正確な参照になります。

3. 周辺のぶどうの栽培地では、13世紀ごろに**ワイン**造りが始まった。**このワイン**が評判となり、広く人々に知られるようになった。

もし、「このこと」と表現すれば、「ワイン造りが始まったこと」を指すことができます。

4. バス停近くに美味しい焼きたて**パン**の店ができた。**パン**は、彩りが豊かで、目を楽しませてくれる。

もし「店」を指したいのであれば、「店」と繰り返して表現すれば、「パン」を指しているという誤解を生まずに表現できます。

5. 『びっくりシェフの料理』は、人気のシェフが考案した家庭でも作れるレシピを検索できる**サイト**です。**ここ**では、たくさんの経験を積んだシェフが、あっと驚くアイデアや、いままで知らなかったコツを提案してくれます。

206 ● Step 3 文章を推敲する

サイトを「場所」だと捉えて「ここ」と表現すれば、レシピを指さないことが明確になります。「このサイト」という表現も可能です。

Unit 1-2　先行する文の一部、または全部を用いる

参照には、先行する文の一部または全部を、名詞や代名詞で指して文をつなぐやりかたがあります。

▶ 会社の従業員の何人かは、しばしばランチタイムのあと、時間通りに仕事に戻らない。これは、就業規則違反だ。

「これ」は、先行する文の「ランチタイムのあと、時間通りに仕事に戻らない」を指しています。「就業規則違反だ」という述部の助けによって、「これ」が何かを特定できます。また、「こうしたことは、就業規則違反だ」と表現すれば、**参照**している部分が、単語ではなく、出来事だということが一層分かりやすくなります。

▶ 管理職たちは、従業員どうしのコミュニケーション不足が、仕事の効率性を下げていると考えている。それが反映されて、新しいコミュニケーションスキル講座が導入された。

「それ」は、先行する文全体を受けています。「反映されて……講座が導入された」という表現の助けによって、「それ」が指しているところがどこか分かります。このほか、「その考えが反映されて……」、「こうした考えが反映されて……」と表現することも可能です。

母集団の中の一部を取り出して指したい場合は、「そのうち」や「このうち」と表現することができます。

▶ 今回の調査では、「いずれ結婚するつもり」と回答した人たちは全体の9割を超えている。しかし、そのうち男性の48%、女性の41%

Section 2　パラグラフの伝達構造を適切にする　207

が「まだ結婚するつもりはない」という人たちなのだ。

例題

設問1～4は、下線部が参照している部分を四角で囲みましょう。また、5～7の（ ）内には、下線部を参照する語句を入れましょう。

1. 私は、課長職だが、1日2時間は部下からの質問や相談に時間を奪われている。これがなければ、もっと仕事の生産性があがるのではないかと思う。

2. ある程度の役職になれば、1日100件以上のメールが届くこともざらでしょう。しかし、これらに目を通して対応するだけでも膨大な時間を要してしまいます。

3. 奈良県の大和地方には、大きな古墳が多い。このことから、この大和地方に有力な勢力があったと考えられている。

4. グループでゼロから製品の開発を考えると、ときには想定外のアイデアが出されることがあります。それが採用されて、実際に製品となるのが、グループ開発の醍醐味です。

5. 駅前開発は、計画決定時より異議を唱えている地域住民がいる。
（　　　　）からしても、市は地域住民への説明責任をしっかり果たす必要がある。

6. 大臣が私企業から賄賂を受け取ったという記事が週刊誌に掲載され

た。(　　　)には証拠がなく、悪質な印象操作の疑いが濃厚である。

7. アンケートでは、旅行が趣味と答えた人が一番多かった。しかし、
(　　　　)、年に4回以上行くと答えた人は3分の1程度しかいない。

例題解答

1. 私は、課長職だが、1日2時間は部下からの質問や相談に時間を奪われている。これがなければ、もっと仕事の生産性があがるのではないかと思う。

2. ある程度の役職になれば、1日100件以上のメールが届くこともざらでしょう。しかし、これらに目を通して対応するだけでも膨大な時間を要してしまいます。

3. 奈良県の大和地方には、大きな古墳が多い。このことから、この大和地方に有力な勢力があったと考えられている。

4. グループでゼロから製品の開発を考えると、ときには想定外のアイデアが出されることがあります。それが採用されて、実際に製品となるのが、グループ開発の醍醐味です。

5. 駅前開発は、計画決定時より異議を唱えている地域住民がいる。(このこと／そのこと)からしても、市は地域住民への説明責任をしっかり果たす必要がある。

6. 大臣が私企業から賄賂を受け取ったという記事が週刊誌に掲載された。（この内容／こうした内容）には証拠がなく、悪質な印象操作の疑いが濃厚である。

7. アンケートでは、旅行が趣味と答えた人が一番多かった。しかし、（そのうち）、年に4回以上行くと答えた人は3分の1程度しかいない。

Unit 1-3　先行する文の概要を用いる

　参照には、先行する文の概要を指すやりかたがあります。

▶ 多くの社員が指摘するように、売り上げの落ち込みを改善するには、抜本的な改革案が必要だ。だが、それは簡単なことではない。

　「それ」が具体的にどこを指しているのかを、線で引くことはできませんが、「簡単なことではない」という表現を手掛かりにすれば、「売り上げの落ち込みを改善する抜本的な改革案を考え出すこと」であることが容易に分かります。逆に言えば、容易に分かるような手掛かりを含まなければならないのです。したがって、次のような文章を書くことは避ける必要があります。

▶ ×多くの社員が指摘するように、売り上げの落ち込みを改善するには、抜本的な改革案が必要だ。だが、それは今に始まったことではない。

　「今に始まったことではない」という表現は、「それ」が何を指すのかを決定する手掛かりになりません。「指摘したこと」が今に始まったことではないのか、「改革案が必要なこと」が今に始まったことではないのか、解釈に混乱が生じるからです。これを避けるには、「だが、指摘は今に始まったことではない」、「だが、その必要性は今に始まったことではない」などと書き換えると良いでしょう。

210　● Step 3 文章を推敲する

例題

下線部が参照している概要を書いてみましょう。

1. パソコンで仕事をしているときに、メールが届いた知らせがあっても、あとでまとめてみるようにしたほうがいい。これが、集中力を保つ秘訣だ。

1. ___

2. 大学から程近い住宅街に、一軒家をシェアした学生4人が住んでいる。彼らは、格安の家賃で、助け合って生活している。その暮らしぶりが、今話題となっている。

2. ___

3. 顧客を説得するときは、なるべく商品の特徴を分かりやすく話しているつもりだ。だが、その説明が不十分の場合も少なくない。

3. ___

4. この年になるまでに私が経験から得たことがいくつかあります。それには、少しの工夫で暮らしを楽しむ心構えというものがあります。

4. ___

5. 小さな子供は、自ら人に強く訴えることができない。だから、私たち大人が、彼らは大切にされるべきだと訴えねばならない。そのことは、私たちに課せられている使命である。

5. ___

6. どんな医師でも失敗することはある。医師は失敗について語る機会を与えられるべきだ。<u>そこ</u>から他の医療従事者も学び、改善することができる。

6. _____

例題解答

1. メールをあとでまとめてみること。
2. 学生4人が大学から程近い住宅街に、一軒家を格安の家賃でシェアし、助け合って生活している様子。
3. 顧客を説得するときの商品の特徴の説明。
4. この年になるまでに私が経験から得たいくつかのことの1つ。
5. 私たち大人が、小さな子供たちは大切にされるべきだと訴えること。
6. 医師によって語られる失敗。

Unit 1-4 類語・パラフレーズを用いる

　参照には、類語や言い換え表現（パラフレーズ）を用いるやりかたがあります。この方法は、同じ語や代名詞を用いてつなげるのに比べて、文章にバリエーションをもたせることができるという利点があります。ただし、類語がどの部分を指しているのか誤解のないように工夫して用いることが大切です。例を見てみましょう。

▶ 定例の会議は、相変わらずだらだら長いばかりで、要点が不明瞭なままだ。<u>無駄なこと</u>は、そろそろやめにすべきだろう。

　この例では、「無駄なこと」が、「定例の会議」を指しているのか、「だらだら長いばかりで、要点が不明瞭であること」を指しているのか分か

212　● Step 3 文章を推敲する

りません。次のように、「無駄なこと」が「会議の様態」を指しているのか、もしくは「会議を開くこと」を指しているのかを明確に示す語を使って書き換えれば、誤解を避けることができます。

▶ 定例の会議は、相変わらずだらだら長いばかりで、要点が不明瞭なままだ。無駄なやりかたは、そろそろやめにすべきだろう。

「無駄なやりかた」と言い換えれば、参照先は「だらだら長いばかりで、要点が不明瞭」だと特定できます。

▶ 定例の会議は、相変わらずだらだら長いばかりで、要点が不明瞭なままだ。無駄な集まりは、そろそろやめにすべきだろう。

「無駄な集まり」に言い換えれば、これが「定例の会議」を参照していることが分かります。

例題

下線部が参照している部分を書き出しましょう。また、カッコ内には、下線部の類語を入れて、参照しましょう。

1. わが社は、新しい生産ラインをインドネシアに作ることとなった。会社創立以来の大型プロジェクトに社運がかかっている。

1. _____

2. 地震の影響により、工場ラインが一部破損し、納品が遅れている状態です。事態の改善には、1か月かかる見込みです。

2. _____

3. 散歩をしていると、乳母車を押した老婦人とすれ違った。中をみると、小型犬が乗っていた。最近は、ああいう光景をよく見かけるよ

うになった。

ヒント：「ああいう光景」とパラフレーズしているのは、先行する文の
概要です。概要をまとめてみましょう。

3. _____

4. わが社は、<u>新しいパン焼き器</u>を開発する。（　　　　　）は、従来
のものと異なり、音が静かだ。

ヒント：「指示詞＋パン焼き器を言い換えた語」を用いてみましょう。

4. _____

5. 良い<u>企画書</u>は、どれも分かりやすく書かれています。（　　　　　）
というと、自分の知識や調査したデータをたくさん書きたくなりま
すが、読み手はそれを求めていません。

ヒント：「企画書」がビジネスで用いる文書であることを表現してみま
しょう。

5. _____

例題解答

1. 新しい生産ラインをインドネシアに作ること。
2. 地震の影響により、工場ラインが一部破損し、納品が遅れていること。
3. 人が小型犬を乳母車に乗せて押している光景。
4. この製品／この商品
5. ビジネス文書

Unit 1-5　包摂関係にある語を用いる

参照には、包摂関係（概念上の上位語と下位語の関係）にある語を用いたり、あるモノとその属性の関係を用いたりするやりかたがあります。例えば、「四季」に対して「春夏秋冬」、「花」に対して「桜、アジサイ、ハイビスカス」などの関係です。

▶ そのホテルの庭は、宿泊客が四季折々の花が楽しめるようになっている。春には桜、初夏にはアジサイ、夏にはハイビスカスが楽しめる。

「春、初夏、夏」の参照先が「四季」で、「桜、アジサイ、ハイビスカス」の参照先が「花」です。

あるモノと、その色・におい・形状などの属性の関係を用いた参照とは、次のようなものです。

▶ 1963年5月、美しいアーチ橋が塩屋湾に完成した。色は銀色だった。

例題

包摂関係や、モノと属性の関係をもつ語に下線を引きましょう。

1. 学校には、生徒の健全な成長を育む大切な役割がある。しかし、高校ともなると、まず受験のことに頭を痛める教師が多いようだ。

2. その動物園では、いろいろな種類の動物が見られる。ライオンやキリンはもちろん、イルカやアシカなどもいる。

3. 老舗の旅館がインターネット設備を導入した。Wi-Fi接続環境が各部屋にないと、利用客に不人気らしい。

4. モバイル機器の普及は目覚ましい。スマートフォンは、特に利用者数が大きく伸びている。

5. 副作用のない薬はない。目薬にも「しみる」といった小さなことから、命にかかわることまで、さまざまな副作用がある。

6. その店で新しい飲料を売っている。味が高級なチョコレートのようだ。

例題解答

1. 学校には、生徒の健全な成長を育む大切な役割がある。しかし、高校ともなると、まず受験のことに頭を痛める教師が多いようだ。

2. その動物園では、いろいろな種類の動物が見られる。ライオンやキリンはもちろん、イルカやアシカなどもいる。

3. 老舗の旅館がインターネット設備を導入した。Wi-Fi 接続環境が各部屋にないと、利用客に不人気らしい。

4. モバイル機器の普及は目覚ましい。スマートフォンは、特に利用者数が大きく伸びている。

5. 副作用のない薬はない。目薬にも「しみる」といった小さなことから、命にかかわることまで、さまざまな副作用がある。

6. その店で新しい飲料を売っている。味が高級なチョコレートのようだ。

Unit 1-6　同じ意味的場に属する語を用いる

　参照には、同じ意味的な場に属すると考えられる語を用いる方法があります。例えば、次のように、あるものとその構成要素という全体と部分の関係をもつ語です。

▶ 今朝は電車で新聞を読んだ。その記事には、選挙の結果が大きく掲載されていた。

▶ 私はホテルの部屋に入った。すると、窓が開いていた。

　このような語どうしは、別の語であっても、2つの文につながりをもたせることができます。もう1つ例を見てみましょう。

▶ 営業マンが製品の販売契約をとるには、顧客企業の担当者と話すことが多い。しかし、できるなら決裁者と直接話すほうが効率的だ。

　「顧客企業」には、当然複数の役職が存在すると考えられますから、「顧客企業」の役職である「決裁者」を用いて参照しています。

　「同じ意味的な場に属する」とは、およそ次のようなものが考えられますので、整理しておきましょう。

全体と部分の関係	●水槽に対して、「水槽のガラス・水槽の蓋」など。（「水」は同一空間の構成物）
同一空間の構成物	●コンピュータに対して、「キーボード・モニター・マウス・ハードディスク」など。
組織の構成員や構成要素	●会社という組織に対して、「従業員・社長・課長・売り上げ・営業部門」など。

Section 2　パラグラフの伝達構造を適切にする　217

例題

色の付いた太字部分を参照している、同じ意味的な場に属する語に下線を引きましょう。1つとは限りません。

1. 中学校や高校の クラブ活動 は、生徒の健全な成長を育む大切な役割がある。しかし、顧問の先生は、苦労が絶えないようだ。

2. 父は サラリーマン で、今年で定年だ。同僚が退職祝いのパーティーを開いてくれるそうだ。

3. 弊社は今年8月、銀座に 大型旗艦店 をオープンいたしました。従来の取扱商品に加え、新たに店舗限定商品をご用意しております。

4. 日本の人口は、首都圏 への一極集中が進んでいる。関西圏と名古屋圏は、ともに減少傾向が続いている。

5. 脳卒中は、循環障害により、急激に意識障害に陥る脳の 病気 の総称です。初期症状として、ろれつが回らない、頭痛、めまい、吐き気、歩行困難などがあります。

例題解答

1. 中学校や高校の クラブ活動 は、生徒の健全な成長を育む大切な役割がある。しかし、<u>顧問の先生</u>は、苦労が絶えないようだ。

2. 父は サラリーマン で、今年で定年だ。<u>同僚</u>が退職祝いのパーティー

を開いてくれるそうだ。

3. 弊社は今年 8 月、銀座に大型旗艦店をオープンいたしました。従来の取扱商品に加え、新たに店舗限定商品をご用意しております。

4. 日本の人口は、首都圏への一極集中が進んでいる。関西圏と名古屋圏は、ともに減少傾向が続いている。

5. 脳卒中は、循環障害により、急激に意識障害に陥る脳の病気の総称です。初期症状として、ろれつが回らない、頭痛、めまい、吐き気、歩行困難などがあります。

Unit 1-7 ゼロ参照を用いる

　日本語には、省略することによって先行する情報を参照していることを示すやりかたがあります。本書では、この方法を**ゼロ参照**と呼ぶことにします。

▶ 調査の結果を用いてプレゼンテーションをする際は、つい、すべてのデータを入れ込みたくなりますが、それでは（プレゼンテーションの）焦点がぼやける恐れがあります。思い切って（焦点ではない調査項目を）削り、強調したい部分のみを提示するほうが効果的です。そのほうが、かえって（強調したい部分が）明確になります。

　分かりやすいようにカッコ内に**ゼロ参照**をしている部分を示してあります。単語だけではなく、直前の文の情報の一部を指しているものもあります。

　日本語母語話者にとって、**ゼロ参照**は身近すぎて、そこに**ゼロ参照**が存在して、前の文の情報を指してつなげていることすら気づかないこと

Section 2　パラグラフの伝達構造を適切にする　**219**

も少なくありません。しかし、分かり切っていると思い込んで最初から省略してしまうと、実際には、読み手からすると、何が省略されているのかが不明瞭になりがちです。とくに、英語にはこのような参照方法はありませんから、文章を書くときは、**ゼロ参照**は、いったん言語化してみて、省略してもそれが明白である場合にのみ削るように心掛けることが大切です。

例題

ヒントに従って、ゼロ参照を正しく表現してみましょう。

1. プレゼンテーションをする際は、時間の目安を3〜5分程度にする。3〜5分程度で、たいていの案件の要点は説明できる。要点を説明するスライドの枚数は、7〜9枚程度におさめる。7〜9枚程度は、人間が短期に記憶しやすい情報量だ。

ヒント：ゼロ参照にできる箇所にカッコを付けてみましょう。

1. _____

2. スマートフォンの利用率は、全年代を合わせて62.3%となり、昨年と比較して10%弱の伸びを見せた。10代の（　　　）利用率は68.6%と全年代平均をわずかに上回る程度だが、20代（　　　）は94.1%、30代（　　　）は82.2%と、若年層が圧倒的多数を占めている。

ヒント：カッコ内のゼロ参照を補ってみましょう。

2. _____

3. ビジネスパーソンが文章を書く際には、（　　から）余計な情報

を削ることが大切です。（　　が）伝えたいメッセージを1つに絞ったほうが、受け手に印象を与えやすくなるからです。（　　が）本編からそぎ落とした情報は、（　　の）補足資料として（　　に）添えておくとよいでしょう。そうすれば、（　　　が）興味を持ったときにのみ（　　を）参照することができます。

ヒント：カッコ内に文から省かれた再出の主語や目的語などの成分を補足し、ゼロ参照を補ってみましょう。

3. _____

4. クレジットカード払いを利用するメリットとしては、利用ポイントが付与されることだ。カードで決済すれば、ポイントが付与され、ギフト券などに交換ができる。（　　　　　は）分割払いやリボ払いにしなければ手数料もかからない。（　　　　　に比べれば）明らかに、現金で支払うほうが損だろう。

ヒント：カッコ内のゼロ参照を補ってみましょう。

4. _____

5. 良い企画書は、どれも分かりやすく書かれています。ビジネス文書というと、自分の知識や調査したデータをたくさん書きたくなりますが、読み手はそれを求めていません。良い企画書は、たくさん書きたくなる書き手の思いを押し付けず、簡潔で平易な表現を心がけるべきです。

ヒント：繰り返された表現を探し、ゼロ参照にできる部分を一か所選んで、カッコを付けてみましょう。

5 _____

Section 2　パラグラフの伝達構造を適切にする　　221

例題解答

1. プレゼンテーションをする際は、時間の目安を 3 ～ 5 分程度にする。(3 ～ 5 分程度で、) たいていの案件の要点は説明できる。(要点を説明する) スライドの枚数は、7 ～ 9 枚程度におさめる。(7 ～ 9 枚程度は、) 人間が短期に記憶しやすい情報量だ。

2. スマートフォンの利用率は、全年代を合わせて 62.3% となり、昨年と比較して 10% 弱の伸びを見せた。10 代の (スマートフォンの) 利用率は 68.6% と全年代平均をわずかに上回る程度だが、20 代 (のスマートフォンの利用率) は 94.1%、30 代 (のスマートフォンの利用率) は 82.2% と、若年層が圧倒的多数を占めている。

3. ビジネスパーソンが文章を書く際には、(文章から) 余計な情報を削ることが大切です。(ビジネスパーソンが) 伝えたいメッセージを 1 つに絞ったほうが、受け手に印象を与えやすくなるからです。(ビジネスパーソンが) 本編からそぎ落とした情報は、(文章の) 補足資料として (文章に) 添えておくとよいでしょう。そうすれば、(受け手が) 興味を持ったときにのみ (補足資料を) 参照することができます。

4 クレジットカード払いを利用するメリットとしては、利用ポイントが付与されることだ。カードで決済すれば、ポイントが付与され、ギフト券などに交換ができる。(クレジットカード払いは) 分割払いやリボ払いにしなければ手数料もかからない。(クレジットカード払いに比べれば) 明らかに、現金で支払うほうが損だろう。

5. 良い企画書は、どれも分かりやすく書かれています。ビジネス文書というと、自分の知識や調査したデータをたくさん書きたくなりますが、読み手はそれを求めていません。(良い企画書は、たくさん書きたくなる) 書き手の思いを押し付けず、簡潔で平易な表現を心がけるべきです。

Unit 2　英語パラグラフの伝達構造を適切にする

Unit 1 では、日本語によって、**伝達構造**と**参照**のしかたを学んできました。ここからは、英語にも、同様のやりかたがあることを学んでいきます。

では、英語で「旧情報→新情報」の**伝達構造**を確認してみましょう。

▶ If you read ① an interesting article, ② share ❶ it with someone and have a discussion about ❶ it.　❷ That will be a great way to check your understanding of the article.

(もし興味深い記事を読んだら、それをだれかと共有なさい。それについて議論しなさい。それが、あなたが記事を理解したかどうかを確認するのに大変よい方法なのです)

❶の it は、①の an interesting article を指しています。❷の That は直前の②以下の文全体を指しています。これは代名詞で参照している例ですが、このほか、日本語と同様の参照方法がありますので、同じ順で学んでいきましょう。

① 先行する語句と同じ名詞や代名詞を用いる
② 先行する文の一部、または全部を用いる
③ 先行する文の概要を用いる

Section 2　パラグラフの伝達構造を適切にする　223

④ 類語・パラフレーズを用いる

⑤ 包摂関係（概念上の上位語と下位語の関係）のある語を用いる

⑥ 既出語と同じ意味的場に属する語を用いる

Unit 2-1　先行する語句と同じ名詞や代名詞を用いる

　英語も、先行する文で既出の名詞や、それを指す代名詞を用いて**参照**する方法をもっています。

▶ The cities were left in ruins after ① the earthquake.　❶ That caused ② a great number of people there to lose their homes. ❷ Those people have to be taken care of by the Government.

（地震のあと、街々は瓦礫と化してしまった。そのために、そこに住んでいた多数の人々が家を失った。それらの人々には、政府による救援が必要だ）

　❶ That は、直前の① the earthquake を指す代名詞として解釈することができますが、先行文が表す内容全体を指し示していると解釈することも可能です。また、地震が起こった場所に住んでいる人々のことを、② a great number of people there という表現で描写していますが、there が表す心理的な距離感をふまえた表現として❷ those people を用いて**参照**しているのです。

　既出の名詞を同じ名詞で指し示す場合には、定冠詞とともに用いられます。

▶ The magazine has ① a colorful picture on the front cover.　❶ The picture includes some images of people.

（その雑誌は、色鮮やかな写真を表紙に使う。その写真には、人々の姿が何人か映っている）

224　● Step 3 文章を推敲する

ここで❶ The picture includes … を It includes … と参照しない理由は、it が the magazine を指していると解釈されてしまう可能性があるためです。一般に雑誌では、その中で複数の写真を用いるため、そう解釈されないように、同じ名詞を用いて the picture と**参照**しているのです。類例を見てみましょう。

▶ × Remove the tire from the bike. <u>It</u> needs to be repaired.
（タイヤを自転車からはずしなさい。それは修理が必要です）

この文では、It が the tire を指しているのか、または the bike を指しているのか、解釈する際にゆれが生じるおそれがあります。この場合、代名詞 it を用いずに、同じ名詞を繰り返します。

▶ Remove the tire from the bike. <u>The tire</u> needs to be repaired.
（タイヤを自転車からはずしなさい。タイヤは修理が必要です）

▶ Remove the tire from the bike. <u>The bike</u> needs to be repaired.
（タイヤを自転車からはずしなさい。自転車は修理が必要です）

また、前出の名詞の単なる反復を避けるためには、代名詞 one を用います。

▶ We have found a new apartment to move in to. <u>The one</u> we live in now is too inconvenient.
（私たちは引っ越し先のアパートを見つけた。私たちが今住んでいるアパートは不便すぎる）

one は apartment を指してはいますが、あくまでも前出の名詞と同種の名詞が反復して使われるのを避けるために用いるのであって、既出の「引っ越し先のアパート」のことを指しているわけではありません。

Section 2　パラグラフの伝達構造を適切にする　225

例題

下線部を参照する適切な語句をカッコ内に入れましょう。

1. Researchers conducted <u>a subsequent study</u> and published a paper. (　　　　　) created a great sensation.
   ヒント：「この」+「研究」で参照してみましょう。

2. Below is <u>a newspaper report</u> about a new business. (　　　　　) consists of four paragraphs.
   ヒント：同じ名詞を1つ使って参照してみましょう。

3. I went to see <u>a movie</u> with Kate. (　　　　　) was boring.
   ヒント：代名詞1語だけでは、先行する文全体の内容を指すという解釈が生まれてしまいます。

4. The bakery widely advertised <u>their new doughnuts</u>, but (　　) didn't meet <u>people</u>'s expectations. (　　) thought the doughnuts didn't taste good.
   ヒント：参照する語が2つあり、どちらも複数形であることに注意しましょう。

5. <u>The interview</u> probably lasted less than ten minutes, but (　　) felt like an hour.
   ヒント：代名詞1語で表現できます。

6. Here are <u>the supplements</u> you should take. The (　　) in this

226　● Step 3 文章を推敲する

list are what you should avoid.

ヒント：前出の名詞と同種の名詞の反復を避けて、代名詞を用います。

例題解答

1. Researchers conducted a subsequent study and published a paper. (This study) created a great sensation.

（研究者たちは引き続き研究を行い、論文を発表した。この研究は一大旋風を巻き起こした）

a subsequent study という名詞句が直前にあるので、これを明確に指示するためには、This study と表現します。もし This だけで指示してしまうと、前文すべての行為が衝撃をもたらしたように読めてしまいます。

2. Below is a newspaper report about a new business. (The report) consists of four paragraphs.

（下記は、新しいビジネスについて取り上げた新聞のレポートである。このレポートは４つのパラグラフから成っている）

the newspaper report をもし it で指すと、パッと見て a new business を指していると誤解されやすいので、the report と表現するほうが読みやすいでしょう。

3. I went to see a movie with Kate. (The movie) was boring.

（私はケイトと映画を見に行ったが、その映画は退屈だった）

It を用いることはできますが、映画が退屈だったのか、ケイトと出かけたことが退屈だったのかが不明瞭になりますので、the movie で参照します。 出かけたことが退屈だったのであれば、

Section 2　パラグラフの伝達構造を適切にする　　227

"I went to see a movie with Kate. The movie itself was good, but I didn't enjoy going out with Kate" などと工夫すると、誤解のない参照が可能になります。

4. **The bakery widely advertised** <u>their new doughnuts</u>**, but (they) didn't meet** <u>people</u>**'s expectations. (They/People) thought the doughnuts didn't taste good.** （そのパン屋は新しいドーナツを広く宣伝したが、人々にとっては期待外れだった。人々は、そのドーナツは、おいしくないと思ったのだ）

1つ目のカッコは、直前に置かれた複数形の their new doughnuts を指すので、they で表現できます。2つめのカッコ内は、ドーナツではなく、直前の people を指すことは、thought（思った）という動詞から分かりますから、they を用いることができます。分かりやすいように、people を繰り返して用いることも可能です。

5. <u>The interview</u> **probably lasted less than ten minutes, but (it) felt like an hour.** （その面接はおそらく10分とかからなかったと思うが、まるで1時間も続いたように感じられた）

The interview は少し離れていますが、it が何を指すか誤解を招くものがないので、it を用いることができます。

6. **Here are** <u>the supplements</u> **you should take. The (ones) in this list are what you should avoid.** （これが摂取すべきサプリメントです。このリストに示したサプリメントは避けるべきものです）

ones は、supplements という前出の名詞と同種の名詞の反復を避けるために用いられた代名詞です。「特定の摂取すべきサプリメント」を指すのではなく、単に「サプリメント」を指すことに注意しましょう。

# Unit 2-2　先行する文の一部、または全部を用いる

英語には、先行する文の情報の一部、または全部を代名詞を用いて、**参照**する方法があります。

▶ To become a member of our website, click here. This will lead you to an introduction to the membership rules.（もし当ウェブサイトへの入会をご希望の場合は、ここをクリックしてください。そうすれば、会員規約に関する窓口につながります）

This は、click here という行為を**参照**しています。

ここで、this、that、it の使い分けを、本章に直接関わる範囲に限定して、紹介しておきましょう。

this（複数形は these）と that（複数形は those）は**指示代名詞**です。this、these は話し手から空間的・時間的・心理的に近いものを指し、that、those は空間的・時間的・心理的に遠いものを指します。これらの指示代名詞は、先行する文の一部や全体を指すことができますが、ニュアンスに違いがあります。

▶ He walked his dog almost every day. That helped him to keep fit.（彼はほぼ毎日犬を散歩させていた。それは彼の健康維持に役立っていた）

先行文は he という三人称を用いており、文の書き手 I からは距離感があります。また、過去時制を用いていますから、現在からは時間的な遠さがあり、それを that で指示しているのです。

▶ There is a report that no one has been killed in the accident, but this has been disputed.（その事故ではだれも死亡していないと報道されているが、このことには疑問がもたれている）

先行文は現在形であり、事故は、書き手の居住国で起こっていると考

Section 2　パラグラフの伝達構造を適切にする

えられますので、この時間的・距離的な近さを this で指示しています。

▶ There is a report that no one has been killed in the accident in Indonesia, but that has been disputed over there. (インドネシアで起きた事故ではだれも死亡していないと報道されているが、現地では、そのことに疑問がもたれている)

先行文は現在形ですが、この文の書き手は、over there から分かるように、インドネシア以外の国に居住しており、距離的・心理的に遠い出来事なので that で指示しています。

It は this、that とは異なり、三人称・中性・単数の**代名詞**です。したがって、既出の語句を指すために用いられ、先行文全体を指示する力は弱いと言えます。

▶ ① I can't get any reliable information. This is what worries me. (確実な情報が全く得られない。このことが心配でならない)〔this は先行文の内容をまるごと指す〕

▶ ② I can't get any reliable information. That is what worries me. (確実な情報が全く得られない。それが心配だ)〔that は先行文の内容をまるごと指しているが、this を用いるときより、やや客観的に述べるニュアンスがある〕

▶ ③ × I can't get any reliable information. It is what worries me. 〔上の①と②に比べて、指示する力が弱く、文脈上不適切である〕

It は、次のように、既出の名詞や節の内容を指すことができます。

▶ We couldn't use the faucet because it was out of order. (私たちはその蛇口を使えなかったが、それが壊れていたからだ)〔先行する主節中の名詞句を指示する〕

▶ Don't mention that she's put on weight. She is very sensitive about it. (彼女に太ったなどと言ってはいけませんよ。そのことを本人もひどく気にしていますから)〔先行する that 節の内容を指

230　● Step 3 文章を推敲する

|示する〕

> it の用法は多域にわたりますが、ここでは先行文の情報を指示する用法だけに限って説明しています。

例題

下線部が参照している箇所を四角で囲みましょう。

1. The most frustrating thing for visitors to an amusement park is the time wasted queuing up to enter attractions. This irritates the visitors.

2. A Japanese woman celebrated her 109th birthday this week. This officially made her the world's oldest person.

3. They use a lot of positive words to describe their products like "bright", "trendy", and "cool"; using these words shows us that they want consumers to have positive feelings about the merchandise.

4. The president has announced the construction of a wall along the border. However, many doubt that it will be completed on time.

5. People who have a history of abusing alcohol may be able to return to being social drinkers. This is far less likely to be a

possibility if they have developed alcohol dependence.

例題解答

1. The most frustrating thing for visitors to an amusement park is the time wasted queuing up to enter attractions .
This irritates the visitors.
（遊園地を訪れる客がもっと不満に思うことは、アトラクションに入るために並んで時間を無駄にすることだ。これは客を苛立たせる）
直前の文の一部を代名詞 this で参照しています。

2. A Japanese woman celebrated her 109th birthday this week .
This officially made her the world's oldest person.
（ひとりの日本女性が、今週 109 歳の誕生日を迎えた。これで正式に、彼女は世界最長老になった）
ここでの this は直前の文で述べたことすべてを指しています。

3. They use a lot of positive words to describe their products like "bright", "trendy" and "cool" ; using these words shows us that they want consumers to have positive feelings about the merchandise.
（商品には、製品を説明するため「明るい」、「流行りの」、「格好いい」といった前向きな単語がたくさん使われるが、これらの語は、商品に対して消費者によいイメージを持ってもらいたいということを示すものだ）
複数形の these words は、a lot of positive words … から "cool" までの部分を指しています。これを these で参照しているのは、書き手が

232　　● Step 3 文章を推敲する

自身を含む自分たちのことに show us と言及しているので、心理的に近いニュアンスをもたせるためです。these は、空間的・心理的・時間的に近いものを指すときに用い、those は、空間的・心理的・時間的に遠いニュアンスを持つときに用います。

4. The president has announced the construction of a wall along the border . However, many doubt that it will be completed on time.

（大統領は国境に壁を建設すると発表した。しかし、多くの人は、それが予定通りに完了するのか怪しんでいる）

ここで it が具体的に何を指しているかは、直後に ... will be completed on time. と続くことからはっきりと分かります。

5. People who have a history of abusing alcohol may be able to return to being social drinkers . This is far less likely to be a possibility if they have developed alcohol dependence.

（過度のアルコール摂取の経歴がある人が、付き合い程度に酒を飲む人に戻ることはできるかもしれないが、アルコール依存度が進行した場合、この可能性はかなり低くなる）

ここでの this は、続く ... far less likely to be a possibility ...（～の可能性はかなり低くなる）を手掛かりにすれば、前出の文全体を指していることが分かります。

✏ Unit 2-3　先行する文の概要を用いる

既出の情報を参照する際には、必ずしも文中の文字列がそのまま参照されるとは限りません。内容から読み取れる概要が参照される場合もあ

Section 2　パラグラフの伝達構造を適切にする　　233

ります。

▶ As many employees have pointed out, we need a drastic reform plan to improve the falling sales. However, <u>this</u> won't be easy.
（多くの社員が指摘するように、売り上げの落ち込みを改善するには、抜本的な改革案が必要だ。だが、これは簡単なことではない）

　ここでの this が何を指すのかは、先行する文に線を引いて得られるものではありませんが、"this won't be easy" という情報を手掛かりにすれば、this が "<u>to come up with</u> a drastic reform plan to improve the falling sales（落ち込む売り上げを改善するための抜本的な改革案を考え出すこと）" であることが容易に分かります。この to come up with の部分は文中のどこにも書かれていませんが、文脈から読み取れます。

例題

下線部が参照している概要を英語で書いてみましょう。（解答は、全員が一言一句同じになるとは限りません）

1. As we age, we lose a lot of physical abilities, and <u>these</u> include our sharp memory and clear vision.

1. _____

2. My new business would cost one million dollars to start up. <u>This</u> could be difficult, but I'm up to the challenge.

2. _____

3. I believe that some pages on your website are well-designed,

and <u>those</u> don't need to be modified.

3. _____

4. The first business he established was a brewery, but <u>it</u> wasn't very successful.

4. _____

5. The company launched a new online service that was meant to revolutionize the industry. Unfortunately, <u>it</u> was a spectacular failure.

5. _____

例題解答

1. A lot of physical abilities we lose as we age
   （年をとるにつれて私たちが失うもの）

訳：年をとるにつれて、私たちはたくさんの身体能力を失う。<u>このなかには、明瞭な記憶力やはっきりした視力が含まれている。</u>

2. Starting up my new business that would cost one million dollars
   （100万ドルかかる自分の新しいビジネスを始めること）

訳：自分の新しいビジネスは始めるには、100万ドルかかるだろう。これは困難だろうが、挑戦する。

3. The pages on your website that I believe are well-designed
   （あなたのウェブページのうち、よくデザインされていると思われる

Section 2　パラグラフの伝達構造を適切にする　235

いくつかのページ)

訳：あなたのウェブサイトのページのいくつかは、よくデザインされ
ていると思われ、<u>それら</u>は修正の必要がありません。

4. The brewery that he established as the first business

（彼が最初のビジネスとして起こした醸造所）

訳：彼が起こした最初のビジネスは醸造所であったが、<u>それ</u>はあまり成
功しなかった。

**5. The company's new online service that was meant to revolutionize
the industry**

（業界を刷新するはずだったその会社の新しいオンラインサービス）

訳：その会社は、業界を刷新すべく新しいオンラインサービスを開始
した。残念ながら、<u>それ</u>は大失敗に終わった。

Unit 2-4　類語・パラフレーズを用いる

　英語も、類語や言い換え表現（パラフレーズ）を用いて参照する方法
をもっています。どのような場合に用いるのか、例を見てみましょう。

▶ Ann explained why she didn't attend the meeting. However,
<u>that</u> didn't do any good.（アンはなぜ会議に参加しなかったのか
を説明した。しかし、それは役に立たなかった）

　このように that を用いて参照しようとすると、先行文全体を指して
しまい、アンが会議に参加しなかったことがいけなかったのか、説明自
体が受け入れられなかったのかを区別することができません。このよう
な場合に、どこを参照しているのかを明確にするために、類語や言い換
え表現を使うことになります。

236　● Step 3 文章を推敲する

▶ ① Ann explained why she didn't attend the meeting. However, her absence wasn't excused.（アンはなぜ会議に参加しなかったのかを説明した。しかし、彼女が欠席したことは許されなかった）

she didn't attend the meeting を her absence で言い換えれば、「彼女が欠席したこと」が許されなかったことが明確になります。

▶ ② Ann explained why she didn't attend the meeting. However, her explanation wasn't accepted.（アンはなぜ会議に参加しなかったのかを説明した。しかし、彼女の説明は受け入れられなかった）

Ann explained why を her explanation で言い換えれば、「彼女の説明」が受け入れられなかったことが明確になります。

英語には、日本語のような**ゼロ参照**がないので、**参照**しようとすると言語化しなければならず、工夫しなければ、同じ語句が頻出してしまうことになります。このようなパラフレーズによる参照のしかたは、ただ参照先を明確にするだけでなく、文にバリエーションをもたせるのにとても役に立ちます。

例題

ヒントに従って、類語・パラフレーズ部分を指摘しましょう。（解答は、全員が一言一句同じになるとは限りません）

1. Evidence shows that this area has long been neglected. This lack of concern for such a crucial area for wildlife should have been addressed by the government.

   ヒント：下線部を言い換えている部分を四角で囲みましょう。

2. The football player was sold to Manchester United for $100

million. Such a large transfer fee is unprecedented in the English Premier League.

ヒント：下線部を言い換えている部分を四角で囲みましょう。

3. Both presidential candidates have been accused of bribery and corruption. These allegations will continue to cause them problems in the run-up to the election.

ヒント：下線部を言い換えている部分を四角で囲みましょう。

4. In the flood, approximately 10,000 residents lost their lives. This death toll amounts to the worst disaster in the U.S. history.

ヒント：下線部が参照している部分を書き出してみましょう。

4. _____

5. We will hold a small business seminar in March. This event will show business owners how to build a brand for their business.

ヒント：下線部が参照している部分を書き出してみましょう。

5. _____

6. The data explains that more hospitals and doctors are pushing for point-of-service payments. This trend risks delays in patient care and deaths in the emergency room.

ヒント：下線部が参照している部分を書き出してみましょう。

6. _____

238　● Step 3 文章を推敲する

例題解答

1. Evidence shows that this area has long been neglected. This lack of concern for such a crucial area for wildlife should have been addressed by the government.

（事実から分かるのは、この地域が長年にわたって放置されてきたということである。野生動物たちにとってかくも大切な場所に対してまったく関心が欠如していた問題は、政府が取り組んでおくべきことであったのだ）

2. The football player was sold to Manchester United for $100 million. Such a large transfer fee is unprecedented in the English Premier League.（そのサッカー選手は、100万ドルでマンチェスター・ユナイテッドに移籍した。これほど莫大な移籍費用は、イングランド・プレミアムリーグでは前例がない）

3. Both presidential candidates have been accused of bribery and corruption. These allegations will continue to cause them problems in the run-up to the election.

（双方の大統領候補が、賄賂と汚職で告発されている。このような申し立ては、選挙運動期間中、彼らに数々の問題を投げかけ続けるだろう）

4. The approximately 10,000 residents who lost their lives in the flood（その洪水で命を落としたおよそ1万人の住民）

訳：その洪水でおよそ1万人の住民が命を落とした。この死亡者数は、アメリカの史上最悪の災害である。

Section 2　パラグラフの伝達構造を適切にする　239

This death toll(この死亡者数)は、The approximately 10,000 residents who lost their lives in the flood（洪水で命を落としたおよそ一万人の住民）のことを言い換えたものです。

5. A small business seminar held in March（3月に開催される小規模ビジネスのセミナー）

訳：小規模ビジネスのセミナーを3月に開催します。この催しで、経営者に事業のブランドを確立する方法を教えます。

This event（この催し）は、先行する文から読み取れる A small business seminar held in March を言い換えたものです。

6. More hospitals and doctors are pushing for point-of-service payments（以前よりも多くの病院や医者が治療時に支払いを催促している）

訳：データによれば、以前よりも多くの病院や医者が治療時に支払いを催促していることが分かる。このために、患者の治療が遅れたり、患者を緊急治療室で死亡させてしまうというリスクがある。

This trend（この風潮）というのは、先行する文中の more hospitals and doctors are pushing for point-of-service payments（以前よりも多くの病院や医者が治療時に支払いを催促している）という風潮を言い換えて表現したものです。

Unit 2-5 　包摂関係にある語を用いる

　英語にも、包摂関係（概念上の上位語と下位語の関係）にある語を用いたり、あるモノとその属性の関係を用いたりして、**参照**する方法があります。

240　● Step 3 文章を推敲する

▶ France imports large quantities of cut roses every year. <u>The flower</u>'s popularity can be attributed to its fragrance.（フランスは、毎年大量のバラの切り花を輸入している。この花の人気は、豊かな香りのためであろう）

この文では、前出の roses という単語を、続く文で The flower という上位語で参照しています。

あるモノと、その色・におい・形状などの属性の関係を用いた**参照**には、次のようなものがあります。

▶ This dress is beautiful. <u>The color</u> reminds me of a ruby.（このドレスは美しい。色がルビーを思わせる）

既出の this dress の色を指していることを、定冠詞を用いて the color と表しています。

例題

下線部の語と包摂関係（概念上の上位語と下位語の関係）や、モノと属性の関係で参照している箇所を枠で囲みましょう。

1. <u>Our office</u> is situated downtown. The building has a smoking area in the common area.

2. <u>Summer</u> is the best time for you to travel in Asia. Visiting in early June is highly recommended for travelers who want to avoid the crowds.

3. <u>Dogs, horses and cats</u> have the most intimate relations with human beings. In other words, these animals are domesticated.

4. We provide many different types of furniture for dining rooms and living rooms, including bar stools, chairs and tables. These products are also available on our website.

5. Most of the houses located here are used exclusively as holiday homes. The rest of the year, these cottages are largely empty.

6. They sell a new beverage at the store. The taste is like a fancy chocolate.

例題解答

1. Our office is situated downtown. The building has a smoking area in the common area.（私たちのオフィスは都心にあります。その建物は共有スペースに喫煙所があります）

2. Summer is the best time for you to travel in Asia. Visiting in early June is highly recommended for travelers who want to avoid the crowds.
（アジア旅行をするのだったら、夏が一番です。6月初旬の旅行は、人込みを避けたい旅行者に特にお薦めです）

3. Dogs, horses and cats have the most intimate relations with human beings. In other words, these animals are domesticated.（犬、馬、猫は人間と非常に深い関係にある。つまり、これらの動物たちは、家畜化されているのだ）

242　● Step 3 文章を推敲する

4. We provide many different types of furniture for dining rooms and living rooms, including bar stools, chairs and tables. These products are also available on our website.

（私たちは、ダイニングルームや、リビングルーム用に、バーカウンター用の椅子・背椅子・テーブルなどさまざまな種類の家具をたくさん用意しています。これらの商品はウエブサイトでも入手可能です）

5. Most of the houses located here are used exclusively as holiday homes. The rest of the year, these cottages are largely empty.

（このあたりの大半の家は、もっぱら休暇用の別邸として使われている。休暇の時期以外は、これらの別荘はほとんどが空き家である）

6. They sell a new beverage at the store. The taste is like a fancy chocolate.

（その店では、新製品の飲料を販売しているが、味が高級なチョコレートのようだ）

Unit 2-6　同じ意味的場に属する語を用いる

　英語も、同じ意味的場に属すると考えられる語を**参照**に用いる方法をもっています。

▶ The scientist tested his theory by ① dropping a heavy object and a light object from the same height.　② Measuring the speed at which they fell, he confirmed that objects fall at the same rate.

（その科学者は、自分の理論を検証するために、重い物体と軽い物

Section 2　パラグラフの伝達構造を適切にする　　243

体を同じ高さから落としてみた。両者の落下速度を計測し、物体は同じ速さで落ちることを確証したのである）

2文目で、the speed at which they fell（物体が落ちる速度）と定冠詞を用いて既出の情報を参照しているように見えますが、1文目を探しても、speed（速度）という単語や類語はどこにも出てきません。しかし、「物体を落とした」のであれば、当然落下速度が存在すると考えられます。そこで、②the speed ... を用いて、①の内容とつながりをもたせているのです。文脈から特定できる情報なので、②では定冠詞theを用いています。

同じ意味的場に属する語とは、具体的には次のようなものです。

全体と部分の関係	room に対して door, window, floor, ceiling など。
同一空間の構成物	computer に対して keyboard, screen, mouse, hard disk など。
組織の構成員や構成要素	company という組織に対して employee, president, manager, sales, sales department など。

「同じ意味的場に属する語」の中には上記のほかに、書き手が読み手と心理的空間において連想ネットワークを共有し、結び付きがあると考える語句があります。日本語では、「花火大会」と「夏」の関係などが該当します。

▶ 花火大会が今年も終わった。夏はもう終わったのだ。

英語でも同様の例を紹介しておきましょう。

▶ Fireworks exploded in unison over the River Thames. The New Year had begun.

（花火がテムズ川上空に一斉に開いた。新しい年が始まったのだ）

イギリスでは、花火大会は冬に行われます。その暗黙の知識があって初めて、2文目の冒頭が The new Year でも不自然には聞こえないの

です。日本語では、夏でなければ自然な連想として浮かんでこないでしょう。

▶ Jáck-o'-lànterns grin from every window. Halloween is almost upon us.（ジャック・オー・ランタンが、どの窓辺でも口を開けて笑っている。もうすぐハロウィンだ）

　この例でも、「ジャック・オー・ランタンが窓辺に飾られる→ハロウィンの季節だ」という連想が容易に成り立たなければ、2つの文が自然につながっているようには感じられないでしょう。このような**参照**は、共通の文化背景をもつ者どうしでなければ理解が難しいものなので、ここでは紹介だけにとどめておきます。

例題

文中から、同じ意味的場に属する語句を見つけ、下線を引きましょう。

1. Most imports are consumed in Tokyo and the remainder is consumed in other cities.

2. Even if your company has several buildings, the door access systems in all of them can be controlled from one location.

3. We offer a wide range of plastic water tanks, and the covers are available in the same material as the tanks.

4. Pine street was crowded with tourists gathering outside the museum. The sidewalk was so crowded that passersby had to step out into the road to get by.

5. Our hospital is located in a pleasant part of town that is only 5 minutes' walk from the city center. The main entrance is on the south side of the building.

例題解答

1. Most imports are consumed in Tokyo and the remainder is consumed in other cities.

（輸入品の大部分は東京で消費され、残りが他の都市で消費される）

Most imports（輸入品の大部分）があるということは、残りがあるということです。それを定冠詞を用いて the remainder と表現し、文を自然につなげています。

2. Even if your company has several buildings, the door access systems in all of them can be controlled from one location.

（たとえ御社がいくつかのビルを所有していても、それら全ての施錠システムを1か所からコントロールすることができます）

several buildings（いくつかのビル）には、それぞれに入口があり、当然施錠できるようになっているはずですから、定冠詞 the を用いて the door access systems と表現することで参照できます。

3. We offer a wide range of plastic water tanks, and the covers are available in the same material as the tanks.

（当社は、様々なプラスチック製の水槽を提供しておりまして、水槽と同材質のカバーもございます）

water tanks の付属物であるカバーを、定冠詞の付いた the covers と

246　● Step 3 文章を推敲する

表現して、文どうしをつなげています。

4. Pine Street was crowded with tourists gathering outside the museum. The sidewalk was so crowded that passersby had to step out into the road to get by.

（パイン通りは博物館の外に集まっている観光客で込み合っていた。歩道は非常に混雑しており、通行人は通り抜けるのに、道路側によけなければならなかった）

Pine Street は道路ですから、当然、歩道があるでしょう。それを定冠詞付きの The sidewalk で表現して、Pine Street を参照させているのです。

5. Our hospital is located in a pleasant part of town that is only 5 minutes' walk from the city center. The main entrance is on the south side of the building.

（当病院は、市の中心部から徒歩でわずか5分の、環境のいい場所にございます。正面入り口は、建物の南側にございます）

hospital にあると考えられる正面入り口を the main entrance で参照しています。

Section 2　パラグラフの伝達構造を適切にする　　247

Section 2　まとめ

　これで、パラグラフの伝達構造を適切にする「**参照**」の学習は終了です。日英語ともに伝達構造の基本が同じことを理解できましたか？できるようになったことを確認して、☑を入れてみましょう。

☐ 情報は「旧情報→新情報」の順に伝えることが分かった。

Noなら Unit 1 へ戻る

☐ 日本語にはゼロ参照があることが分かった。

Noなら Unit 1-7 へ戻る

☐ 名詞や代名詞で先行する文の情報を参照する方法が分かった。

Noなら Unit 1-1 ～ 1-3、Unit 2-1 ～ 2-3 へ戻る

☐ 類語や同じ意味的場に属する語句で参照する方法が分かった。

Noなら Unit 1-4 ～ 1-6、Unit 2-4 ～ 2-6 へ戻る

248　● Step 3 文章を推敲する

Step 4

日本語に特徴的な伝達構造を英語の伝達構造に修正する

推敲を終えて完成した日本語の文章でも、そのまま直訳的に英語にすると、せっかくの伝達構造が崩れて台無しになってしまう場合があります。これは、日本語と英語の文の構造の違いに起因します。パラグラフは、一文一文が正しく書かれているだけでなく、伝達構造が正しくなければならないのは、第3ステップで学習した通りです。第4ステップでは、まずSection 1で、このような両言語の構造と伝達構造の違いを埋めるためのテクニックを知ります。次に、Section 2では、このテクニックを用いながら、日本語特有の「主題を参照する伝達構造」を、英語で正しい伝達構造にする学習をします。

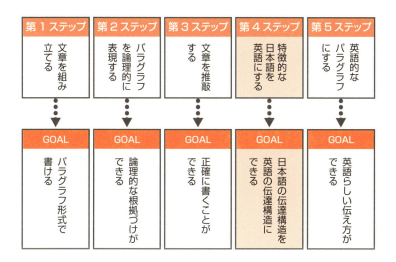

第4ステップ 目次

Step 4 日本語に特徴的な伝達構造を英語の伝達構造に修正する

Section 1 伝達構造を修正するテクニック
　Unit 1　文頭に旧情報を立てる

Section 2 「主題をもつ日本語のパラグラフ」を「主語をもつ英語のパラグラフ」にする
　Unit 1　一貫した主題をもつパラグラフ
　Unit 2　先行する文の一部や全部を主題にもつパラグラフ
　Unit 3　先行する文の概要を主題にもつパラグラフ

Section 1

伝達構造を修正する テクニック

　日本語は、文頭に主題を置いたり、ゼロ参照をしたりする言語です。いっぽう英語は、文頭に主語を置き、ゼロ参照はしません。このような違いから、日本語をなんとか英訳したとしても、文頭に置かれていたはずの旧情報が、英語の文頭では新情報が立ってしまうことがあります。このような問題が起こった場合は、英語の文頭に旧情報が立つように書き換える必要性が出てきます。本セクションでは、日本語から英語の主語にできるものを探し出して訳し、それを正しい伝達構造に修正するテクニックを紹介します。

Unit 1 　文頭に旧情報を立てる

　英語で文頭に置かれるのは、**主語**（**行為者主語***注と**等価主語***注）です。いっぽう、日本語で文頭に置かれるのは、**主題***注です。主題とは、これから叙述しようとすることを「企画会議は、明日です。（企画会議の）資料が本日メールで配布されます」のように文頭に置いて助詞ハで表したものです。2文目のカッコ内は、1文目の主題「企画会議」を文頭でゼロ参照したもので、伝達構造はおかしくありません。そこで、この構造に合わせて、「企画会議」と「資料」が文頭に立つように英訳すると、次のようになります。

▶ A planning meeting is going to be held tomorrow. The materials are going to be e-mailed today.

　ところが、ゼロ参照をもたない英語にとっては、これは分かりやすい

252　　● Step 4 日本語に特徴的な伝達構造を英語の伝達構造に修正する

伝達構造とは言えません。The materials は、先行する文にない新情報なので、何を参照しているのか分かりにくいのです。また、英語は、文頭に行為者主語を置くことを好む言語ですから、その点からもやや不自然です。日本語から英語の行為者主語にできるものを検討すると、この文を書いた「企画会議に参加し、その資料を配布する担当者たち」を表す we が使えそうです。これを用いて書き換えてみましょう。

▶ <u>We</u> are going to have <u>a planning meeting</u> tomorrow. <mark>We</mark> are going to e-mail the <mark>meeting</mark> materials today.

　これで、不自然さも改善でき、文頭に旧情報を立てることができました。もし、2度も we が文頭に立つ冗長さを回避したければ、既出の語を示しつつ文体にバリエーションをもたせる、次のような工夫もできます。

▶ <u>We</u> are going to have <u>a planning meeting</u> tomorrow. <mark>The meeting</mark> materials are going to be e-mailed today.

＊注
主題……これから叙述しようとすることを「企画会議は 16 日だ」のように助詞のハで示したもの。日本語では、このようなハで表される主題に代表されるように、しばしば文頭に「これから叙述しようとすること」が置かれます。
行為者主語……He played golf. の He のことで、動作をする主体のことです。
等価主語……She is a doctor. の She のことで、She＝a doctor が成り立つような主語のことです。

　このように、日英両言語は、基本的な構造に違いがあるため、パラグラフを書く際には、日本語の文頭に立つ語句を、そのまま単純に、英語の文頭に立てることはできません。この問題を解決するには、もととなる日本語や、試訳した英文をよく観察しながら、次のようなテクニック

Section 1　伝達構造を修正する テクニック　　253

を用いて、文頭に旧情報が立つように推敲します。

【文頭に旧情報を立てるテクニック】

1. 行為者主語にできるものを探す

2. 無生物主語にできるものを探す

3. 等価主語にできるものを探す

4. 受動態の主語にできるものを探す

5. 文頭に置くことのできる句や節を探す

むろん、これらのテクニック（とくに無生物主語や受動態）が自然な英語として用いることができるかどうかは、文脈によるのですが、知っておくと大変役に立ちます。

では、実際にこれらのテクニックを適用し、英文の伝達構造を改善する方法を実例で確認していきましょう。

▶ ① プレゼンをする際は、時間の目安を 3 〜 5 分程度にする。② (プレゼンをする際は、3 〜 5 分程度で) たいていの話題の要点は説明
　　　　　　　　　　　　旧情報（ゼロ参照）

できる。

直 訳： ❶ When giving a presentation, aim to talk for three to five minutes. ❷ The important points of most topics can be
　　　　　　　　　　　　　　　　　　　新情報
covered.

---

②のカッコ内は、①の情報をゼロ参照したものですから、日本語の伝達構造は正しくなっています。しかし、このゼロ参照は文面に出てきませんので、文面通りに「たいていの話題の要点は」を英語の主語にすると、文頭には、先行文❶にない新情報が立ってしまいます。これは、❶の presentation を同じ意味的場に属する語❷ The important points of most topics で参照しているとも言えるでしょうが、文面にある情報を

254　● Step 4 日本語に特徴的な伝達構造を英語の伝達構造に修正する

参照する工夫を試みたいところです。そこで、❷の英文を工夫し、旧情報が文頭に立つように推敲しましょう。先ほど紹介した「文頭に旧情報を立てるテクニック」を用いて、❶の情報を参照する英文にしてみましょう。

1. This is enough time to cover the important points of most
   (=three to five minutes)
   topics.〔テクニック3：等価主語〕

2. You can cover the important points of most topics within this
   amount of time.〔テクニック1：行為者主語〕

3. Your presentation can cover the important points of most
   topics within this amount of time.〔テクニック2：無生物主語（＝
   無生物の行為者主語）〕

1は、❶から three to five minutes を選んで参照し、それを等価主語として表現しています。2は、❶の命令形 aim to talk … の隠れた主語である you を参照して、それを行為者主語として表現しています。3は、❶から presentation を選んで、それを無生物主語として参照しています。

また、❶の命令形 aim to talk … の隠れた主語である you を、再度命令形を用いて参照する工夫もできます。

4. Cover the important points of most topics within this amount
   of time.〔テクニック1：行為者主語〕

このほかにも、句や節を工夫することで、参照する方法があります。

5. Within this amount of time, the important points of most
   topics can be covered.〔テクニック5：句や節〕

5は、❶の three to five minutes を前置詞句 Within this amount of

Section 1　伝達構造を修正するテクニック　　255

timeで参照しています。前置詞句は、句ごと文頭に置くことができるという性質を利用して、参照する語句に近付けています。

このように、英語の文頭に立つ情報を推敲して、伝達構造を改善することは、日本語のパラグラフを訳すうえで、必須のテクニックなのです。

例題

次の日本語とその直訳的な英文を読み、ヒントに従って伝達構造を推敲してみましょう。

1.
①分析文を書くときには、事実やデータを用いましょう。②読み手の興味を引くことができます。(❶ When writing an analysis, use facts and data. ❷ The readers' attention can be drawn.)
ヒント：下記のカッコ内にふさわしい主語の候補を、❶の文の語句から探し、適切な形に変えて、❷を書き直しましょう。答えは3つまで探してみましょう。
❷ (　　) will draw the readers' attention.

2.
①書類を書く際には、アイデアが明確になるように構成しなければなりません。②ただ自由に紙に書き出したりしてはいけません。③何を伝えたいのかが分からなくなります。(❶ When creating a document, you should design it to clarify your idea. ❷ Do not just write freely on the paper. ❸ What it wants to convey cannot be understood after all.)

256　●Step 4 日本語に特徴的な伝達構造を英語の伝達構造に修正する

ヒント：下記のカッコ内にふさわしい語を❶の文から探し、❸を以下のような形式の文に書き直しましょう。

a. ❸ Without a (　　　), (　　　) cannot make the readers understand what you want to convey in the document.

b. ❸ A document with no clear (　　　) will not be understood by the readers.

3.

①3月に小規模ビジネスのセミナーが開催されます。②セミナーでは、自社ブランドを確立する方法が分かるようになります。(❶ We will hold a small business seminar in March. ❷ In this seminar, the ways to build a brand for your business can be seen.)

ヒント：

a. ❷の the ways … 以下の文を、「企業経営者」という行為者主語が表れる文にしてみましょう。

b. ❶の文中から適切な語句を探し出し、適切な形に変えて、❷を無生物主語構文にしてみましょう。単語は show, owners, how を用います。

a. _____

b. _____

Section 1　伝達構造を修正する テクニック　257

例題解答

1.

・When writing an analysis, use <u>facts and data</u>. (They) will draw the readers' attention. 〔テクニック２：無生物主語〕

・When writing <u>an analysis</u>, use facts and data. (Such an analysis) will draw the readers' attention. 〔テクニック２：無生物主語〕

・When writing an analysis, <u>use</u> facts and data. (You) will draw the readers' attention. 〔テクニック１：行為者主語〕

2.

a. Without a (design), (you) cannot make the readers understand what you want to convey in the document. 〔テクニック５：句や節〕

b. A document with no clear (design) will not be understood by the readers. 〔テクニック４：受動態〕

3.

a. In this seminar, business owners can see how to build a brand for their business. 〔テクニック１：行為者主語〕

b. This seminar can show business owners how to build a brand for their business. 〔テクニック２：無生物主語〕

Step 1

Step 2

Step 3

Step 4

Step 5

Section 1　伝達構造を修正する テクニック　　**259**

Section 2

「主題をもつ日本語のパラグラフ」を「主語をもつ英語のパラグラフ」にする

　日本語の大きな特徴は、パラグラフ内を通じて、主題がゼロ参照によって継承されていくところです。例えば、「①展示会は 16 日だ。②（展示会は）営業部長と宣伝部長の 2 名が参加する」という文では、①の主題「展示会」が②の文頭「（展示会は）」でゼロ参照されています。このようなパラグラフを英訳する際には、Section 1 で学んだようなテクニックを用いて、何度も推敲を重ねる必要があります。Section 2 では、このような伝達構造の推敲のプロセスを、実例を観察しながら、学びます。

Unit 1　一貫した主題をもつパラグラフ

　日本語の主題は、語句だけでなく、文の内容がゼロ参照によって継承される場合もあります。継承のしかたには、大きく次の 3 種類あります。

> 1. 先行する文の主題が後続文でゼロ参照される
> 2. 先行する文の一部や全部が後続文で主題としてゼロ参照される
> 3. 先行する文の概要が後続文で主題としてゼロ参照される

　このユニットでは、1 のタイプを例に用いて、試訳のプロセスを観察しながら、伝達構造を修正する方法を学びましょう。

　次の 5 文からなるパラグラフでは、下線部が**主題**で、続く文のカッコ内は文面に書かれることのない、ゼロ参照された**主題**です。むろん日本語の母語話者にとっては、カッコ内がなくても自然に読めるでしょう。

> **主題が後続文でゼロ参照されている日本語**
>
> ① 企画書作りでは、問題解決のための具体論を構築することが核とな
> 　　<u>主題</u>
>
> 　る。
>
> ② （企画書作りでは）残念ながら、まだ多くの企業で「事実の列挙」
> 　　主題のゼロ参照
>
> 　に終始している。③ それでは結局何をどうすればよいのかを改め
>
> 　て検討する必要が生じる。④ （企画書作りでは）現状の課題を把
> 　　　　　　　　　　　　　主題のゼロ参照
>
> 　握したら、「誰が何をどうするのか」を決めて、その根拠となるデー
>
> 　タを添付する。⑤ （企画書作りでは）これが優れたやりかたである。
> 　　　　　　　　主題のゼロ参照

　では、この例文を①から順に、英語の**主語**にできるものを探して、訳
していきましょう。できるだけ逐語的に訳しながら、同時に「旧情報→
新情報」の**伝達構造**を崩さないように推敲をしていきます。推敲中、不
採用になった試訳は波線で囲ってあります。

①から主語を探し出す

> ① 企画書作りでは、問題解決のための具体論を構築することが核とな
> 　る。
>
> ❶ When creating a proposal, it is essential that you develop a
> 　concrete plan for a solution.
> 　　　　　　　　　　　　　　　　　　　　　　<u>主語</u>

　①の「……具体論を構築する」の**行為者主語**は、「企画書作りをする人」
なので、一般の人を表す you を補足して訳しました。

Section 2 「主題をもつ日本語のパラグラフ」を「主語をもつ英語のパラグラフ」にする　261

②から主語を探し出す

② （企画書作りでは）残念ながら、まだ多くの企業で「事実の列挙」
に終始している。

❷ Unfortunately, many companies still just list data in proposals.
　　　　　　　　　　　主語（新情報）

　②の「多くの企業」は、**行為者主語** many companies として訳すこ
とができます。しかし、そうすると many companies は❶には含まれ
ていない初出の新情報になります。これでは、日本語では正しく表現さ
れていた**伝達構造**が崩れてしまいます。

❷の伝達構造を推敲する（1）

　many companies（多くの企業）を many of you（あなたがたの多く）
と工夫することで、❶の既出語 you を参照するように改善してみましょう。

② （企画書作りでは）残念ながら、まだ多くの企業で「事実の列挙」
に終始している。

❷ Unfortunately, many of you still just list data in proposals.
　　　　　　　　　　主語 (you は旧情報)

　これで**伝達構造**は改善しますが、別の工夫をしてみましょう。

❷の伝達構造を推敲する（2）

　もとの日本語の意図は「資料作りの指南をすること」です。英語では、
指南には命令形がよく用いられます。そこで、①の既出語 you を命令
形を用いて参照してみましょう。

262　● Step 4 日本語に特徴的な伝達構造を英語の伝達構造に修正する

② （企画書作りでは）残念ながら、まだ多くの企業で「事実の列挙」
に終始している。

❷ Do not just list data in proposals you submit.
命令形の主語は you

（提案する企画書は、単なる「事実の列挙」に終始してはいけない）

　原文の思い切った変更ですが、指南する英文としては適切なうえ、簡潔に表現できるので、こちらを採用してみましょう。

③から主語を探し出す

　③の**主題**「それでは」を so を用いて表現してみましょう。

③それでは結局何をどうすればよいのかを改めて検討する必要
が生じる。

❸ Doing so, you will have to devote more time discussing
　　主語

the problem at a later date.

　これでは、パッと見て Doing so が❷の just list data in proporsals の部分を指していることが、読み取りにくそうです。

❸の伝達構造を推敲する

　Doing so を用いるのをあきらめて、❶で用いた concrete plan を前置詞句にして参照する工夫をしてみます。

③ それでは結局何をどうすればよいのかを改めて検討する必要が
生じる。

❸ Without a concrete plan, you will have to devote more
　　　　前置詞句で表現
time discussing the problem at a later date.

（<u>具体論がないので</u>は、あなたは結局何をどうすればよいのかを
改めて検討する必要が生じる）

　a concrete plan は、❶の <u>a concrete plan</u> for a solution の**参照**です。
さらに、Without a concrete plan は、❷で述べた just list data（単な
る事実の列挙に終始する）を言い換えたパラフレーズでもありますので、
うまくつながります。

④から主語を探し出す

　④「……を把握したら」の**行為者主語**は、you だと考えられます。

④現状の課題を把握したら、「誰が何をどうするのか」を決めて、
　その根拠となるデータを添付する。

❹ Once you have an understanding of the current issue, decide
　　　　主語（旧情報）
who does what and how, and attach the evidence which
supports your proposal.

（あなたは現状の課題を把握したら、「誰が何をどうするのか」を
決めて、その根拠となるデータを添付しなさい）

　you は既出の語なので、**伝達構造**は適切です。

⑤から主語を探し出す

　⑤の「これ」はそのまま英語の等価主語 this に訳してみます。

264　● Step 4 日本語に特徴的な伝達構造を英語の伝達構造に修正する

> ⑤ これが優れたやりかたである。
> ❺ <u>This</u> is a more effective way to create a proposal.
>   主語

　This 以下の is a more effective way to create a proposal（企画書作りのための優れた方法である）という部分から、This が❹の文の内容ごと参照していることが分かりますので、適切な**伝達構造**です。

完成した英文

> **伝達構造が適切になった英文**
>
> ❶ When creating a proposal, it is essential that <u>you</u> develop <u>a concrete plan</u> for a solution. ❷ Do not just list data in proposals you submit. ❸ Without a concrete plan, you will have to devote more time discussing the problem at a later date. ❹ <u>Once you have an understanding of the current issue, decide who does what and how, and attach the evidence</u> which supports your proposal. ❺ This is a more effective way to create a proposal.

　このように、**主題をゼロ参照**する**伝達構造**をもつパラグラフは、英訳の際に、**主語**を探し出して英訳した後、さらに**伝達構造**を整えるというプロセスを経るために、かなりの修正が必要になるのです。

例題

　下記の英文は、その上段に示された、「主題をゼロ参照している日本語」を、できるだけ直訳したものです。ヒントに従って、適切な伝達構造になるように修正しましょう。

1. ①提案書作りの際、何より大事なのは目的である。②（提案書作りは、）関係者を動かせないのでは意味がない。③それゆえ（提案書作りは、）何を達成しようとするのかをはっきりさせねばならない。

❶ When creating a proposal, the most important thing is the objective. ❷ Unless those involved take action, a proposal will be useless. ❸ Thus, what the intended goal is has to be clarified.

ヒント：

◆ ❷の英文は、文字化されている日本語の文頭にある「関係者を動かせないのでは」をそのまま、Unless those involved take action … と直訳しています。しかし、これでは、直前❶にない新情報が文頭に立ってしまいますので、❷の文頭を A proposal にしてみましょう。

◆ ❸の主語は、文字化されている日本語「何を達成しようとするのか」をそのまま英語の主語にしたものです。これを❶から探し出した proposal を主語にした英文にしてみましょう。

◆ ❸をもう1つ別の工夫をした文にしてみます。❸の主語を、❶の When creating a proposal の意味上の主語 you と同じにして、「あなたは達成しようとすることをはっきりさせねばならない」という英文にしてみましょう。

2. ①リード文とは、本文で伝えたいことの方向性を明確にするものです。②（リード文は、）例えば、記事の目的や、どういった要素が語られるかが分かるようなものが提示されます。③（リード文は、）読者にとっては、語られる情報に対する理解を深める効果があります。

❶ The lead sentence clarifies the direction which the text will take. ❷ For example, an article's objective and what is going to be

266　　● Step 4 日本語に特徴的な伝達構造を英語の伝達構造に修正する

adressed are presented. ❸ To the reader, there is the effect of deepening understanding of the information conveyed.

ヒント：

◆ ❷の an article's objective は、文字化されている日本語「記事の目的」を主語にしたものです。これを、❶の The lead sentence を文頭で参照する、SVO の文に作り直してみましょう。単語は include, writer を用います。

◆ ❸の To the reader, there is … は、文字化されている日本語「読者にとっては……があります」を直訳したものです。代わりに、❶の The lead sentence を主語にした文にしてみましょう。

例題解答

1. ❶ When creating a proposal, the most important thing is the objective. ❷ A proposal will be useless, if it doesn't motivate the readers to take action. ❸ Thus, it has to clarify what the intended goal is. / ❸ Thus, you have to clarify what the intended goal is.

◆ 英語では、those involved（関係者）は、the readers と表現するほうが自然です。

◆ ❸の主語は、❷の a proposal の繰り返しですから代名詞を用いて表現します。

◆ ❷で a proposal、❸で it (＝a proposal) と立て続けに同じ語が冒頭にくる単調さを避けたいのであれば、❸の文の主語を you にします。you は、❶の When creating a proposal の意味上の主語と同じですので、伝達構造が適切になります。

さらに❶にさかのぼって、When you create a proposal, the most

Section 2 「主題をもつ日本語のパラグラフ」を「主語をもつ英語のパラグラフ」にする 267

important thing is the objective. と工夫すれば、❸の you がこの you を参照していることを、より明確にできます。

2. ❶ The lead sentence clarifies the direction which the text will take. ❷ For example, it includes presenting writer's objective, and what is going to be addressed. ❸ It [The sentence] has the effect of deepening understanding of the information conveyed to the reader.

◆ It(=The lead sentence) を文頭に立てれば、❶とのつながりがよくなります。

◆ ❸は、再度 it(=The lead sentence) を主語にすれば、伝達構造がスムーズになります。もし、❷と同じ主語 it を繰り返す単調さを避けたいのであれば、具体的に The sentence (=The lead sentence) と表現すればよいでしょう。

✎ Unit 2   先行する文の一部や全部を主題にもつパラグラフ

　日本語のパラグラフ内で、**主題がゼロ参照**される際は、必ずしも一貫して同じ語句が用いられるわけではありません。パラグラフでは、一文一文を重ねるたびに新しい情報が追加されていくわけですから、この新たな情報を、続く文の主題にして継承していく場合もあります。例を見てみましょう。

新たな情報が、後続文の主題としてゼロ参照されている日本語
① 昨今では全面禁煙を謳うレストランが多い。② (①のような状況
　　　　　　　　　　　　　　　　　　　①の文ごと主題にしてゼロ参照
では、) 愛煙家の自分などは、肩身が狭いことこの上ない。③ (②

268　● Step 4 日本語に特徴的な伝達構造を英語の伝達構造に修正する

のような状況では、）そろそろタバコをやめようかと思う。

②の文ごと主題にしてゼロ参照

②のカッコ内は、①の文で述べられた情報を**ゼロ参照**した**主題**ですが、例文③のカッコ内は、②の文で新たに述べられた情報を**ゼロ参照**した**主題**であることに注意してください。

では、この例を使って、英語として適切な**主語**を探し出し、正しい**伝達構造**にする試訳のプロセスを観察しながら学びましょう。

①から主語を探し出す

「〜レストランが多い」は There 構文で表現してみます。

---

① 昨今では全面禁煙を謳うレストランが多い。

❶ These days, there are many restaurants that offer a completely smoke-free environment.

---

②から主語を探し出す

文字化されている日本語には、「愛煙家の自分」とありますから、この中から選んで I を主語にしてみましょう。

---

② （このような状況では、）愛煙家の自分などは、肩身が狭いことこの上ない。

❷ Since I am a habitual smoker, I can't help feeling awfully

主語（新情報）

ashamed.

しかし、これでは I が ❶ の文にある情報を**参照**しておらず、唐突に新情報が出てくる感じがします。

Section 2 「主題をもつ日本語のパラグラフ」を「主語をもつ英語のパラグラフ」にする　269

❷の伝達構造を推敲する

　工夫して、**ゼロ参照**されている**主題**「このような状況では」を無生物主語 this trend（このような風潮）にして表現してみましょう。

---

②（このような状況では、）愛煙家の<u>自分など</u>は、肩身が狭いことこの上ない。

❷ This trend makes <u>me</u> feel awfully ashamed of being a
　無生物主語（旧情報）
habitual smoker.

（このような風潮は、私が愛煙家であることを恥ずかしく感じさせる）

　こうすれば、**伝達構造**も改善し、「自分などは」を me で表現できます。

③から主語を探し出す

　③を It's about time …（そろそろ〜の頃だ）の表現を使って訳してみましょう。

---

③（このような状況では、）そろそろタバコをやめようかと思う。

❸ <u>It</u>'s about time I quit smoking.
　　旧情報

　It's about time の中の it 自体は、時間表現を導入するための形式主語なので、❷の文の中の情報を何も参照していません。しかし、❷の me と❸の I にはつながりがあるので、一応、許容範囲とはいえるでしょう。

❸の伝達構造を推敲する

　もうひと工夫して、❷の文とさらにつながりをよくするため、It's about time …（そろそろ〜の頃だ）の表現をあきらめて、I am considering ... を用いてみましょう。同時に、ゼロ参照されている主題「このような状況では」をitを用いて表してみます。

> ③（このような状況では、）そろそろタバコをやめようかと思う。
> ❸ It comes to the point that I am considering whether I should
> 旧情報
> quit smoking.

こうすれば、文頭で、❷で述べた内容を参照できるので、スムーズな**伝達構造**になります。

完成文を確認してみましょう。

伝達構造が適切になった英文

> ❶ These days, <u>there are many restaurants that offer a completely smoke-free environment</u>. ❷ <u>This trend</u> makes <u>me</u> awfully ashamed of being a habitual smoker. ❸ <u>It</u> comes to the point that I am considering whether I should quit smoking.

例題

　下記の英文は、その上段に示された、「新たな情報が、後続文の主題として、ゼロ参照されている日本語」を、できるだけ直訳したものです。ヒントに従って、伝達構造を推敲しましょう。[　]内に語句が与えられていれば、使いましょう。

①創作文を書く際は、余計な情報を削ることだ。②（①のようにし

た際は）残ったメッセージには、余白が多く残る。③（②のよう
にした際は）読み手は想像力をかきたてられて文章に興味を示し
やすくなる。

❶ In creative writing, delete excess information. ❷ The remaining
message will contain gaps which the readers will have to fill in
themselves. ❸ The readers' imagination is stimulated and they are
more likely to take an interest in the text.

ヒント：

◆ ❷の The remaining message は、②の日本語の文頭で文字化され
ている「残ったメッセージ」を主語にしたものです。これを、②の
ゼロ参照「（①のようにした際は）」から主語を探して、「そうする
ことが残った文章に余白を作る」という無生物主語表現に書き変え
てみましょう。[create]

◆ ❸は、日本語③の文頭にある「読み手は想像力……」の部分を用い
て、the readers' imagination と主語にしたものです。これを、③の
ゼロ参照である「（②のようにした際は）」の部分から主語候補を探
します。❸を無生物主語表現で「これが読み手の想像力をかきたて、
文章に興味を示させやすくする」としましょう。[may stimulate,
make]

◆ ①の文を単文の命令形にしてみましょう。[in creative writing]

例題解答

❶ Delete excess information in creative writing.　❷ Doing so
creates gaps which the readers will have to fill in themselves. ❸
This may stimulate the readers' imagination, making them more

likely to take an interest in the text.

◆ ❷は Doing so（そうすることで）を主語にすることで、❶の文全体を旧情報として受けていることが表現できます。それだけでなく、doing so の意味上の主語は、英語の好む行為者主語（ここでは you）ですから、自然な伝達構造になります。

◆ ❸は This を用いれば、❷の文全体を旧情報として参照することができます。

◆ ❶は思い切って、主節と従属節を 1 文の命令形にすると、簡潔に表現できます。指南をする文には、命令形がよく用いられます。

❷と❸の参照のしかたは、継承した主題をゼロ参照している日本語の意図を忠実に表現しており、適切な訳となっています。

Unit 3　先行する文の概要を主題にもつパラグラフ

　日本語のパラグラフでは、先行する文から読み取れる概要が、続く文で主題としてゼロ参照される場合もあります。この場合、各文の**主題**は、必ずしも冒頭文のどこかに下線を引けるような存在ではありません。

　例文のカッコ内は、文面に書かれることのない**主題**です。

先行する文の概要が主題としてゼロ参照されている日本語

①アイデアを練るときは、手書きが有効な手段だ。②（アイデアを練るときは、）ノートを広げて手書きをしていると、指の
　　　　①の主題をゼロ参照
動きが脳に影響を与えるのか、よい案が浮かぶ。③（ノートを使った手書きは）パソコンのワープロソフトのように左上から書く
　②の文の概要をゼロ参照

Section 2　「主題をもつ日本語のパラグラフ」を「主語をもつ英語のパラグラフ」にする　　273

決まりがないので、どこから書き始めてもいいし、絵を描いて
もいい。

④ (書く決まりがなく、どこから書き始めてもいいし、絵を描いて
もいい手書きは) この自由さが頭を柔軟にするのだ。
　③の文の概要をゼロ参照

③でゼロ参照されているのは、②から読みとれる「ノートを使った手
書き」です。④の文でゼロ参照されているのは、③から読みとれる「書
く決まりがなく、どこから書き始めてもいいし、絵を描いてもいい手書
き」です。このようなゼロ参照は、言語化されていないにもかかわらず、
読み手は、それが何かを指摘することが可能です（全員が一字一句たが
わず指摘することができるという意味ではありません）。

　このような文の場合も、英語化するときには、英語として適切な**主語**
を探し出し、正しい**伝達構造**にする必要があります。では、この例文を
使って、試訳のプロセスを観察しながら学びましょう。

①から主語を探し出す

アイデアを練ると思われるのは一般の人なので、従属節の**主語**は you
にしてみましょう。

①アイデアを練るときは、手書きが有効な手段だ。
❶ When you develop ideas, writing them down by hand is an
　effective method.

②から主語を探し出す

「ノートを広げて手書きをしていると」は、従属節 As <u>you</u> are
writing by hand in a notebook で表し、「指の動きが……」の主語は

274　● Step 4 日本語に特徴的な伝達構造を英語の伝達構造に修正する

moving your fingers にしてみます。

> ②（アイデアを練るときは、）ノートを広げて手書きをしていると、
>   指の動きが脳に影響を与えるのか、よい案が浮かぶ。
> ❷ As you are writing by hand in a notebook, moving your
>   fingers has a positive effect on your brain and helps you come
>   up with good ideas.

　❷の文頭で❶の you を**参照**している形になるので、**伝達構造**に問題
はありません。

③から主語を探し出す

　「パソコンのワープロソフトのように左上から書く決まりがないの
で」の部分は従属節 Since there is no rule that says you … と表して
みます。主節**主語**も you としてみましょう。

> ③（ノートを使った手書きは）パソコンのワープロソフトのように
>   左上から書く決まりがないので、どこから書き始めてもいいし、
>   絵を描いてもいい。
> ❸ Since there is no rule that says you have to write from the
>   top left as on a word processor running on your PC, you can
>   start writing anywhere or even draw pictures.

　there 構文なので新情報から始まってしまいますが、従属節内が既出
情報の you, 主節**主語**も you ですから、**伝達構造**はなんとか許容範囲で
しょうか。

④から主語を探し出す

　「この自由さ」を主語にして This freedom と訳してみます。

Section 2 「主題をもつ日本語のパラグラフ」を「主語をもつ英語のパラグラフ」にする　275

④（書く決まりがなく、どこから書き始めてもいいし、絵を描いて
もいい手書きは）この自由さが頭を柔軟にするのだ。
❹ This freedom makes your brain flexible.

　This freedom は直前の文の概要である「どこからでも書ける手書き」
のことを参照したもので、**伝達構造としては適切です。**

　しかし、翻訳し終わって全体をみると、❶〜❸の文のすべてが従属節
から始まっており、述べたいことがSVC、SVO の形で簡潔に述べた構
造になっていません。

❶ When <u>you</u> develop ideas, writing them down by hand is an
effective method.
❷ As <u>you</u> are writing by hand in a notebook, moving your
fingers has a positive effect on your brain and helps <u>you</u> come
up with good ideas.　❸ Since there is no rule that says <u>you</u> have
to write from the top left as on a word processor running on
your PC, you can start writing anywhere or even draw pictures.
❹ This freedom makes your brain flexible.

　なぜこうなるのでしょうか。

　日本語は、**主題**を立てる言語ですから、文頭にまず述べようとする範
囲や背景情報が表現される傾向があります。例えば、「〜のときは」や「〜
していると」などで、必ずしも助詞「ハ」で表現されるわけではありま
せんが、このような表現が文頭に多用されます。それをそのまま逐語的
に訳すと、英語ではしばしば従属節になってしまうのです。この場合、
従属節を書き換えて、簡潔な SVC や SVO の形にできるかどうか、検
討する余地があります。

　それでは、見直してみましょう。

276　● Step 4 日本語に特徴的な伝達構造を英語の伝達構造に修正する

①から主語を探し出す

思い切って①の**主語**を writing by hand（手書き）にしてみましょう。

> ①アイデアを練るときは、手書きが有効な手段だ。
>
> ❶ Writing by hand is an effective method for developing your ideas.
>
> （手書きは、アイデアを練る有効な手段だ）

②から主語を探し出す

「ノートを広げて手書きをしていると」をバッサリ切って、❷の**主語**を Moving your fingers（指の動き）にしてみましょう。これは、❶の Writing by hand の言い換え（パラフレーズ）による**参照**になっています。

> ② （アイデアを練るときは、）ノートを広げて手書きをしていると、指の動きが脳に影響を与えるのか、よい案が浮かぶ。
>
> ❷ Moving your fingers has a positive effect on your brain
>   (=Writing by hand)
> and helps you come up with good ideas.
>
> （指を動かすことは脳にプラスの影響があるので、よい案が浮かぶ）

③から主語を探し出す

❸の**主語**は、❷で既出の Moving your fingers を**参照**してみましょう。これを When writing by hand（手書き）と工夫します。

Section 2 「主題をもつ日本語のパラグラフ」を「主語をもつ英語のパラグラフ」にする　277

③（ノートを使った手書きは）パソコンのワープロソフトのように左上から書く決まりがないので、どこから書き始めてもいいし、絵を描いてもいい。

❸ When writing by hand, there is no rule that says you have
  (=moving your fingers)
to write from the top left as on a word processor running on your PC, so you can start writing anywhere or even draw pictures.（手書きで書けば、パソコンのワープロソフトのように左上から書く決まりがないので、どこから書き始めてもいいし、絵を描いてもいい）

　必ずしも文は簡潔になっていませんが、伝達構造を適切にするだけでなく、文体にバリエーションをつけることができます。

④から主語を探し出す

　④の主語は、直前の文全体を言い換えた This（これ）で**参照**する工夫をしてみましょう。

④（ノートを使った手書きは）この自由さが頭を柔軟にするのだ。
❹ This makes your brain more flexible.
（これが、頭をより柔軟にするのだ）

　これで、多用された従属節を簡潔にし、各文で述べたいことが簡潔になるとともに、**伝達構造**も適切になり、かなりすっきりします。

278　● Step 4 日本語に特徴的な伝達構造を英語の伝達構造に修正する

文が簡潔になり、伝達構造も適切な英文

> ❶ <u>Writng by hand</u> is an effective method for developing your ideas.
> ❷ <u>Moving your fingers</u> has a positive effect on your brain and helps you come up with good ideas. ❸ <u>When writing by hand</u>, there is no rule that says you have to write from the top left as on a word processor running on your PC, so you can start writing anywhere or even draw pictures. ❹ <u>This</u> makes your brain more flexible.

例題

下記の英文は、その上段に示された「先行する文の概要が主題としてゼロ参照されている日本語」を、できるだけ直訳したものです。ヒントに従って、適切な伝達構造になるように修正しましょう。

[　]内の語句を使いましょう。

> ①分析文を書くときには、事実やデータを用いましょう。
> ②（①のようにすれば、）文章に説得力が生まれます。③（説得力のある文章であれば、）読み手は強く印象付けられることになるでしょう。

❶ When writing an analysis, use facts and data. ❷ <u>The analysis</u> will be more convincing. ❸ <u>The reader</u> will be greatly impressed by the analysis.

ヒント：
◆ ❷の The analysis は、①の日本語で文字化されている「分析文」を

Section 2 「主題をもつ日本語のパラグラフ」を「主語をもつ英語のパラグラフ」にする

主語にして参照したものです。しかし、②は、①の文の概要を「(①
のようにすれば)」と、ゼロ参照しています。❷の訳文も❶の概要を
参照するように、Doing so（そのようにすれば）を主語にした無生
物主語構文にしてみましょう。[make, your analysis]

◆ ❸の The reader は、日本語で文字化されている「読み手」を主語
にしたものです。②のゼロ参照をした「(説得力のある文章であれ
ば)」の部分から探した A persuasive text を主語にして、英文を作っ
てみましょう。[a greater impact]

例題解答

❶ When writing an analysis, use facts and data.　❷ Doing so
makes your analysis more convincing.　❸ A persuasive text will
have a greater impact on the reader.

◆ ❶の文の概要を受けた Doing so を主語にすれば、日本語の伝達構
造の意図を汲んだ訳ができます。

◆ ❸の A persuasive text（説得力のある文章）は、persuasive が
convincing のパラフレーズであること、そして text が analysis の
パラフレーズであることによって、つながりがスムーズになってい
ます。パラフレーズは、同じ語句を繰り返す単調さを避けることに
も役立ちます。

280　● Step 4 日本語に特徴的な伝達構造を英語の伝達構造に修正する

Section 1 & 2　まとめ

　これで、日本語と英語の伝達構造の違いを埋める学習は終了です。日本語の主題を英語の主語に書き換えるのは、かなり難しい作業だったことでしょう。しかし、ここで学んだ書き換えの工夫は、英訳する上で知っておくと大変有用なものです。できるようになったことを確認して、✓を入れてみましょう。

- □ 伝達構造を修正するテクニックが理解できた。
  - **No**なら Section 1 Unit 1 へ戻る
- □ 日本語は主題をゼロ参照で継承することが分かった。
  - **No**なら Section 2 へ戻る
- □ 日本語の「主題の参照」を英語の「主語の参照」に換える方法が分かった。
  - **No**なら Section 2 Unit 1 ～ Unit 3 へ戻る

Section 2　「主題をもつ日本語のパラグラフ」を「主語をもつ英語のパラグラフ」にする

Step 5

英語的なパラグラフにする

第4ステップまでの学習で、伝わる英語のパラグラフが書けるようになりました。しかし、まだ欠けているのが、「英語的なパラグラフ」を書くという観点です。とはいえ、言語が表現できる範囲は広く、「英語的」とは何かを、簡単な説明ですべて浮き彫りにすることは、困難を極めます。ですが、ここであきらめては、「英語的なパラグラフを書くためには、ネィティブと同じくらいの時間をかけて学びましょう」という非現実的な結論にならざるを得ません。本書の目的は、読者が今後の英作文に、広く適用可能な運用ルールを習得することです。そこで、本ステップでは、読者にとって見えやすく、応用が効くと思われる、言語構造の特徴から説明付けられる「英語らしさ」のみに焦点をあてた、パラグラフの書き方を学習対象とします。

第5ステップ 目次

Step 5	英語的なパラグラフにする
Section 1	「英語らしさ」の構造を知る
Unit 1	日本語と英語のパラグラフの違い
Unit 2	情報の並び順を変える
Unit 3	How の並列を Why の連鎖にする
Unit 4	状態表現の連鎖を動作表現の連鎖にする
Unit 5	思考のプロセスを明示する

Section 1

「英語らしさ」の構造を知る

　第5ステップは、Sectionが1つ、ユニットが5つから成っています。Sectionがたったひとつである理由は、ここで紹介する「英語的なパラグラフの書き方の特徴」が、いずれも「英語の1文の構造的な特徴」に起因すると説明付けられるからです。

　日本語であれ、英語であれ、言語が表現できる範囲は広く、両言語の「らしさ」とは何かを、簡単な説明ですべて浮き彫りにすることは、困難です。そこで、本セクションでは、日本語の言語特徴を端的に反映した4種のパラグラフを、思い切って「日本語的なパラグラフ」と定めました。さらに、この4種に対応させるように、英語の言語特徴を端的に反映したパラグラフを「英語的なパラグラフ」と定めました。各ユニットでは、この4種を1つづつ取り上げて比較し、両言語の違いを際立たせるという手法を用いて、効率的に「英語らしいパラグラフの書き方」を学ぶことを目指します。

Unit 1　日本語と英語のパラグラフの違い

　1文を作る際、日本語は、述語が文末に置かれ、状態表現を好み、文に省略が多い傾向があります。いっぽう英語は、述語が主語のすぐあとに置かれ、動作表現を好み、文の情報をあまり省略しません。この両言語の特徴は、パラグラフを書く際にも色濃く反映されてきます。次の表は、この1文レベルの言語的特徴が顕著に表れるパラグラフの書き方を、4種類取り上げて比較したものです。

284　● Step 5 英語的なパラグラフにする

	日本語のパラグラフの特徴	英語のパラグラフの特徴
1. 情報の提示順序	背景情報から始まり、結論は最後に述べる。	結論を初めに述べてから、根拠付けていく。
2. 根拠づけの方法	How（どのようだからそう言えるのか）という根拠づけが好まれる。	Why（なぜそう言えるのか）という根拠づけが好まれる。
3. 表現の傾向	「主題－叙述（何はどんなだ）」の形を用いた状態表現を連ねるので、文どうしのつながりが文面に表れにくい。	SVO（誰が何をどうする）の形を用いた動作表現を連ねるので、文どうしのつながりが文面に表れやすい。
4. 道筋の示し方	思考のプロセスが文面から省略されやすい。	思考のプロセスが文面に明示されやすい。

　以降のユニットでは、これら4種類の特徴が明確に見て取れるパラグラフの実例を用いて、1つづつ比較しながら、英語らしいパラグラフを書く方法を学んでいきましょう。

✎ Unit 2　情報の並び順を変える

　日本語と英語は、起承結の構成でパラグラフを書いたとしても、情報の順序の好みに違いがあります。

　一般に、日本語のパラグラフは、まず背景説明から始まって、その後詳細な説明をし、最後に結論に至る形をとります。これは、結論に至るまでの思考の過程を読み手と共有しようとする、共感型ともいえる形です。いっぽう、英語は、まず結論を述べてから、それがいかにもっともらしいかを根拠付けて読み手を納得させる、説得型だといえます。情報の並び順を説得型にすれば、英語的なパラグラフになります。

　では、日本語と英語の例を比較してみましょう。次のパラグラフは、「起・承・結」の形で書かれていますが、「起」で結論は述べず背景だけを述べ、「結」で結論に至る、日本語的な例です。

Section 1　「英語らしさ」の構造を知る　285

日本語的な情報の並び順をもつパラグラフ
【起】
背景文：コンビニは、消費者の購買行動を緻密に分析し、好みを商品開発に反映していることで知られている。

【承】
支持文1：例えば、コンビニでは、切った野菜が少規模な世帯によく売れている。手間をかけずに新鮮な野菜を摂れることが受けているのだ。
支持文2：もう1つの例は、レジの横に置かれているセルフサービスのコーヒーメーカーである。このマシーンは、喫茶店で座ってコーヒーを飲むほどの時間がないとき、同じくらい美味しいコーヒーを、より安く楽しめることから、とくにビジネス街のオフィスワーカーに人気だ。
【結】
結論文　：マーケティングがうまくいくと、商品の売り上げは伸びるようだ。

この日本語的なパラグラフを、英語らしく書き換えた例を確認してみましょう。情報の並び順だけに集中しやすいように、日本語で書いてあります。

英語的な情報の並び順をもつパラグラフ
【起】
主旨文　：マーケティングがうまくいくと、商品の売り上げが伸びる。
【承】
支持文1：例えば、コンビニエンスストアでは、切った野菜が少規

286　● Step 5 英語的なパラグラフにする

模な世帯によく売れている。手間をかけずに新鮮な野菜を摂れることが受けているのだ。

支持文2：もう1つの例は、レジの横に置かれているセルフサービスのコーヒーメーカーである。このマシーンは、喫茶店で座ってコーヒーを飲むほどの時間がないとき、同じくらい美味しいコーヒーを、より安く楽しめることから、とくにビジネス街のオフィスワーカーに人気だ。

【結】

結論文　：これらの例は、企業において、消費者の購買行動を緻密に分析し、それを反映した商品を開発することが必須であることを示すものだ。

　「起」では、述べたいことの概要を述べ、「承」では、それがいかにもっともらしいかを支持し、「結」では、「承」の論理的な帰結である結論が述べられており、それは同時に、「起」の繰り返しです。私たちは、日本語で思考するので、つい日本語的な並び順でパラグラフを書きがちですが、英文にする際は、このように並び順を変えると、自然な流れにすることができます。

Section 1　「英語らしさ」の構造を知る　　287

例題

　下記は、本文で扱った、日本語的な情報の並び順をもつパラグラフを英訳したものです。これをヒントにして、本文の「英語的な情報の並び順をもつパラグラフ」を英訳してみましょう。

日本語的な情報の並び順をもつパラグラフ

【起】

背景文　：It is a widely known fact that convenience stores carefully analyze consumers' purchasing behavior to develop new products that better meet consumers' preferences.

【承】

支持文1：For example, at convenience stores, pre-sliced vegetables are popular among smaller households. The reason for this popularity is that this allows consumers to eat fresh vegetables without much hassle.

支持文2：Another example is the self-serve coffee machines often placed next to the check-out counters. These coffee machines are particularly popular with office workers who don't have the time to sit and drink in a café, because they can enjoy coffee of the same quality as that of cafés, but at a lower price.

【結】

結論文　：Precise analysis of consumers' purchasing behavior seems to increase sales.

英語的な情報の並び順をもつパラグラフ

【起】

主旨文　：_____

_____ ．

【承】

支持文 1：_____

_____

_____

_____ ．

支持文 2：_____

_____

_____

_____

_____ ．

【結】

結論文　：_____

_____

_____

_____ ．

Section 1　「英語らしさ」の構造を知る　　289

例題解答

英語的な情報の並び順をもつパラグラフ

【起】

主旨文　：Precise analysis of consumers' purchasing behavior leads to increased sales.

【承】

支持文 1：For example, at convenience stores, pre-sliced vegetables are popular with smaller households. The reason for this popularity is that this allows consumers to eat fresh vegetables without much hassle.

支持文 2：Another example is the self-serve coffee machines often placed next to the check-out counters. These coffee machines are particularly popular with office workers who don't have the time to sit and drink in a café, because they can enjoy coffee of the same quality as that of cafés, but at a lower price.

【結】

結論文　：These examples demonstrate how imperative it is for firms to carefully analyze consumers' purchasing behavior in order to develop new products that better meet consumers' preferences.

290　● Step 5 英語的なパラグラフにする

Unit 3　How の並列を Why の連鎖にする

　日本語は、出来事を「主題―叙述（何はどんなだ）」という状態表現で表そうとする傾向があり、英語は、「SVO（誰が何をどうする）」という動作表現で表そうとする傾向があります。そのため、日本語と英語は、起承転結の構成でパラグラフを書いたとしても、支持文の作り方に、両言語の特徴が現れます。例えば、日本語では、支持文が主張の理由を「どんなだ」と、叙述する表現がよく用いられます。また、支持文は通常複数ありますが、それぞれが独立して理由を叙述する形が多く見られます。

　次の例を見てください。

叙述的な支持文を独立させて並べる日本語的なパラグラフ

【起】
主旨文　：日本は深刻な社会的問題に直面している国である。
【承】
支持文1：高齢化が進み、2014年時点では、4人に1人が60歳以上である。
支持文2：少子化も著しく、合計特殊出生率がおおむね1.39となっている。
支持文3：また、低成長の経済の下、医療制度や年金制度が立ち行かなくなる可能性も指摘されている。
【結】
結論文　：このような問題が、国の将来に悪影響を与えることは、避けられないだろう。

　3つの支持文は、主旨文「……社会問題に直面している国である」に対して、「……である」、「……なっている」、「……されている」のように、

Section 1　「英語らしさ」の構造を知る　291

いずれも「どんな状態だからそうだといえるのか」を述べています。また、支持のしかたを見ると、例えば、支持文1がなければ支持文2の内容が理解できないとか、1～3の順番を変えると分からなくなるといったことはありませんから、それぞれ意味的には独立しています。図で確認してみましょう。

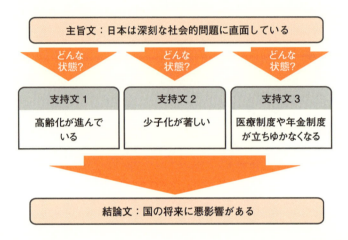

これらの支持文1～3は、たしかに、「日本が深刻な社会的問題に直面している」ことを説明しているでしょうが、いっぽうで、これらの状態が何によってもたらされたのかは、全く説明していません。さらには、これら3つの出来事が互いにどのような関係をもつのかにも触れていません。これが、日本語的な支持のしかたの特徴です。むろん、すべてのパラグラフがそう書かれているわけではありませんが、このHowを並列する支持のしかたは、日本語という言語で非常に表現しやすい形なのです。

　いっぽう英語は、出来事を、意図をもつ行為者（原因）と対象物へ加えた動作（結果）を明確にして表現しようとします。例えば、日本語なら、見た出来事を「花瓶がテーブルに置いてある」などと、状態的に表現するところを、英語では、「誰かがテーブルに花瓶を置いた」と、行為者

が花瓶に動作を加えて移動させるところまでを表現するでしょう。

　英語では、パラグラフのレベルであっても同様に、原因から結果に至る因果関係を明確に表現しようとします。つまり、主張に対しては、Why（そう主張できる理由とは何なのか）を連鎖させて述べるほうが、英語らしいのです。

　では、英語の難しさに惑わされないように、日本語をより英語らしいと感じられる**支持のしかた**に書き換えたもので確認してみましょう。

英語的に Why を連ねたパラグラフ

【起】

主旨文　：日本は深刻な社会的問題に直面している国である。

【承】

支持文1：高齢化が進み、2014年時点では、4人に1人が60歳以上である。医療の発達で、寿命が延びたためだ。

支持文2：少子化も著しく、合計特殊出生率がおおむね1.39となっている。これには、女性が社会に進出して高齢出産になり、出産回数が減ったことや、子供の教育費がかさむことから、夫婦が複数の子供を望まなくなったという背景がある。

【結】

結論文　：高齢化と少子化の同時進行で人口バランスが崩れれば、多数の健康な若者が少数の高齢者を支えることを前提とした医療制度や年金制度は、立ち行かなくなるだろう。

　もとの日本語の内容にかなり書き足すことになってしまいましたが、支持文1と2の説明に、Why（なぜ、そうなのか）という理由をつけています。さらに、もとは支持文3にあった「医療制度や年金制度が立ち行かなくなる」という情報は、「支持文1と支持文2」から導ける結論になっています。図でこれらの関係を確認してみましょう。

Section 1　「英語らしさ」の構造を知る　　293

　主旨文、結論文、支持文の内容がすべて Why の関係でつながっています。

　日本語の How 型の支持のしかたは、このように、英語の Why 型の支持のしかたに変えると、ぐっと英語らしくなります。日本語から見れば、この支持のしかたは、主張が強く全面に出すぎて、独善的にも感じられますが、英語母語話者にとっては、そのような響きはありません。

例題

　下記は、本文で扱った、日本語的な How 型のパラグラフと英語的な Why 型のパラグラフを英訳したものです。読み比べて、本文で説明された違いを確認しましょう。

日本語的なパラグラフ

【起】

主旨文　：Japan is a country facing serious social problems.

【承】

支持文 1：The population is aging; in 2014 one in four people were aged over 60.

支持文 2：The birth rate is also declining significantly, and the total fertility rate is approximately 1.39.

支持文 3：The healthcare and pension systems are also believed to be unsustainable given the current low rate of economic growth.

【結】

結論文　：It is unavoidable that problems like these will adversely affect the country's future.

英語的なパラグラフ

【起】

主旨文　：Japan is a country facing serious social problems.

【承】

支持文 1：The population is aging, to the point that in 2014 one in four people were aged over 60. This aging is due to advances in medical science which have resulted in increased life expectancy.

支持文 2：The birth rate is also declining significantly, and the total fertility rate is approximately 1.39. Behind this is couples' reduced desire to have children, which is due to

Section 1 「英語らしさ」の構造を知る　295

women's increased participation in formal employment leading to later child-bearing which necessarily reduces the number of children a woman can carry, as well as increases in the cost of education.

【結】

結論文　：If the combination of an aging population and a declining birth rate results in a collapse of the population balance, the healthcare and pension systems, which were established on the assumption that a large number of young, healthy people would be supporting a smaller population of elderly people, would be unsustainable.

Unit 4　状態表現の連鎖を動作表現の連鎖にする

　先のユニットで、本語の文は、支持文がしばしば「主題－叙述（何はどんなだ）」という状態表現で表されると述べましたが、実は主旨文であれ、支持文であれ、状態的な表現は、多用されます。

　例を見てみましょう。

【起】

主旨文　：その国は、ここ数年経済成長を続けている。

【承】

支持文1：昨年と一昨年は、予想以上の雇用が生まれた。

支持文2：労働者は、男女ともに賃金が15%上昇した。

【結】

結論文　：多くの経済学者は、この成長はゆうに来年まで続くと予

296　●Step 5 英語的なパラグラフにする

> 想しており、そうなれば、過去最長となる見込みである。

この文どうしの関係性を図にしてみましょう。

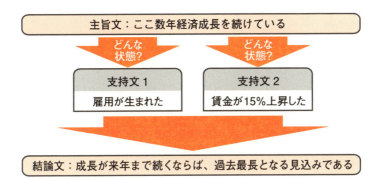

　主旨文の「……数年経済成長を続け<u>ている</u>」だけでなく、支持文「……<u>生まれた</u>」、「……<u>上昇した</u>」、そして結論文「……<u>見込みである</u>」にまで、状況を「どんなだ」と叙述する表現が用いられています。このように、あまり他動詞を用いずに文を連ねていくと、互いの文どうしの関係性は文面に表れにくく、それを明確にしようと思えば、「例えば」、「それゆえ」などの接続語句を使わなければならないでしょう。日本語らしく書けば、自然とこのような構成になるのです。

　いっぽう、英語はパラグラフ全体に、「SVO（誰が何をどうする）」という他動詞を用いた動作表現を多用します。

　このパラグラフを、できるだけ英語的な行為者主語や無生物主語を用いた動作表現で、書き直してみましょう。

> 【起】
> 主旨文　：その国の経済は、ここ数年成長を続けている。
> 【承】
> 支持文１：この成長が、昨年と一昨年に予想以上の雇用増加をもたらした。
> 支持文２：このことが労働力不足を招き、男女双方の労働者の賃金を15％上昇させた。
> 【結】
> 結論文　：多くの経済学者は、この成長がゆうに来年まで続くと予測しており、それは過去最長となるだろう。

　行為者主語や無生物主語を用いた動作表現を連ねていくと、最初の動作が起因となって次の動作が起きたことが自然と表現しやすくなり、互いの因果関係がはっきりするのが分かるでしょう。

　図にしてみると、一連の話の流れは、過去から未来まで、ほぼ一直線で結ぶことができます。

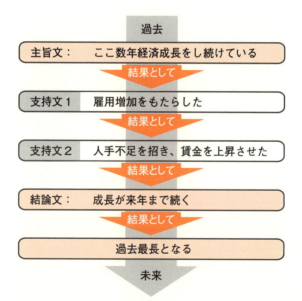

日本語的な状態表現は、このように、動作表現を連ねるように表現すると、英語らしいパラグラフになるのです。英語という言語は、このような表現するのに向いていると言えるでしょう。

例題

　下記は、本文で扱った、日本語的な状態表現を連ねたパラグラフを英訳したものです。これをヒントにして、本文の「英語的な動作表現を連ねたパラグラフ」を英訳してみましょう。

日本語的なパラグラフ

【起】
主旨文　：The country's economy has been expanding in recent years.

【承】
支持文 1：In the past two years, there have been more job openings than expected.

支持文 2：Both men's and women's earnings have increased by 15%.

【結】
結論文　：Most economists expect the expansion to continue well into the next year, which would make it the longest ever.

英語的な動作表現を連ねたパラグラフ

【起】
主旨文　：＿＿＿＿＿＿＿＿＿＿＿＿＿＿＿＿＿＿＿＿

Section 1　「英語らしさ」の構造を知る　299

_____ .

【承】

支持文 1：_____

_____ .

支持文 2：_____

_____ .

【結】

結論文　：_____

_____ .

例題解答

英語的な動作表現を連ねたパラグラフ

【起】

主旨文　：The country's economy has been expanding in recent years.

【承】

支持文 1：The strong economy has led to a bigger-than-expected increase in job openings in the past two years.

支持文 2：This has caused a labor shortage, but also a 15% increase in the incomes of both men and women.

【結】

結論文　：Most economists expect the expansion to continue well into the next year, which will be the longest ever.

Unit 5　思考のプロセスを明示する

　今まで見てきたように、日本語は、「主題－叙述（何はどんなだ）」という状態表現を多用し、パラグラフを「Ａという状態である、Ｂという状態である、Ｃという状態である」という並列的な並びで書き進める傾向があります。そのため、なぜＡという状態からＢという状態になったのかというプロセスは、文面に出てこないことも少なくありません。さらに、日本語は、分かりきっていると思われることは文面に書かず、省略をするという特徴があります。これらの特徴のため、文どうしの関係性がどのようなものかは、英語よりはるかに読み手の推論に頼っています。むろん、関係性は、読み手が簡単に推論できるように書かなければならないのですが、英語に比べると、話の道筋が飛躍しやすくなるのです。しかし、英語らしいパラグラフを書くには、話の推移を分かりやすく文に示さなければなりません。

　では、次に示す情報を前提にして作られた、日本語的なパラグラフを読んでみましょう。

【情報】

◆調査データ：

1. 20〜30代の男性非正規社員の増加率は、他の年代の男性非正規社員の増加率の倍である。

2. 20〜30代の男性非正規社員の結婚率は、同年代の男性正規社員の半分以下にとどまる。

3. 非正規雇用は相対的に低賃金であることが多い。

4. 非正規社員は、人件費の削減と、雇用の調整の緩衝材として活用される側面があるとされている。

Section 1　「英語らしさ」の構造を知る　　301

◆常識的に知られていること：

1. 収入や生活が安定しないと、結婚したり、子供をもったりすることを躊躇しがちである。

日本語的なパラグラフ

【起】

主旨文：非正規雇用の増加は、日本社会に悪影響を及ぼしている。

【承】

支持文：

①それは、増加が出生率の低下につながっているからだ。

②多くの正規雇用につけない青年は、結婚して子供を作ることを躊躇する。

③非正規労働では生活が安定しにくいため、独身のままでいる選択を余儀なくされているのだ。

【結】

結論文：このまま若者が家庭を持たなければ、少子化が進み、日本は衰退するだろう。

　このパラグラフは、「起・承・結」の形をもつだけでなく、「起」で結論を述べてから「承」でその根拠を述べるという、英語の形式にきちんと沿っています。そのため、注意せずに読めば、すんなりと頭に入ってきます。しかし、書き手が思考のプロセスを示さず、いきなり支持文に自分の推論結果を用いていることに注目してください。これでは、英語の好む「事実やデータで支持して、もっともらしい結論を導く」という形から外れてしまいます。

　例えば、支持文①の「非正規雇用の増加が出生率の低下につながって

302　● Step 5 英語的なパラグラフにする

いる」は、データからは直接読み取れません。したがって、どのような
プロセスを経て、この考えを導いたのかを知りたいところです。そこで
②に読み進むと、そのプロセスを示すことなく、「正規雇用につけない
青年は、結婚して子供を作ることを躊躇する」という、別の話をもち出
しています。ところが、この②も、データからは直接読み取れない内容
です。「男性非正規社員は、結婚率が低い」というデータはありますが、
「結婚をして、子供を作ることを躊躇する」というのは、書き手の推論
であり、なんのデータも示さずに、これを支持文に使うことはできませ
ん。

　③の「非正規労働では生活が安定しにくいため」の部分は、「雇用の
維持に不安があり、賃金も低い傾向がある」というデータから容易に導
けるものの、それが「独身のままでいる選択を余儀なくされている」と
いうのは、書き手の推論でしかありません。推論してはいけないわけで
はありませんが、するのであれば、推論の過程を文面に書き、読み手に
もその正しさを検証できるようにしなければなりません。日本語は、文
どうしの関係性を明確に示さずにパラグラフを書き進めることが容易に
できるので、書き手はこのように、思考のプロセスを飛ばした文を書い
てしまいやすいのです。

　もう1つ、類例を挙げておきましょう。

▶ 彼が最初にやってみようと考え付いたビジネスは醸造所であった
　が、これにはほとんど成長がみられなかったので、醸造所は長続き
　しなかった。

　直訳：①The first business he thought of creating was a brewery,
　②but it didn't last long ③since the business showed little signs
　of growth.

　この日本語は、3つの出来事が「醸造所のビジネスを考え付いた」→
「ビジネスにあまり成長がみられなかった」→「醸造所は長続きしなかっ

Section 1　「英語らしさ」の構造を知る　303

た」の時間順に並んでおり、すんなりと読めてしまいます。しかし、英語に訳してみると、不自然さが出てきます。英語は、ある出来事を起因として、次の出来事が引き起こされることを<u>文字面に書く</u>傾向があることを思い出してください。この文を出来事の起こった順に飛躍せずに書くならば、「❶ビジネスを考え付いた」→「❷ビジネスを起こした」→「❸ビジネスにあまり成長が見られなかった」→「❹ビジネスをあきらめた」という順になるはずです。日本語には、❷が抜けているのです。日本語の読み手は、「醸造所のビジネスを考え付いた」のあとに「ビジネスにあまり成長がみられなかった」の順に読めば、当然「❷ビジネスを起こした」があるものとして推論で補い、特に不思議に思うことはありません。日本語はこのような運用をすることを前提にしているからです。では、この直訳文を書き直してみましょう。

▶ ❶ The first business he thought of creating was a brewery. ❷ He did in fact establish a brewery. ❸ However, it showed little signs of growth, ❹ so he soon gave up on it. （彼が最初にやってみようと考え付いビジネスは醸造所であった。彼は、さらにそれを実現までした。しかし、これにはほとんど成長がみられなかったので、ほどなくビジネスをあきらめた）

プロセス❷を書き足しただけでなく、もとの … it didn't last long（醸造所は長続きしなかった）という表現を、… so <u>he soon gave up</u> on it.（彼はほどなくあきらめた）と書き直していることに注意してください。日本語の「……ほとんど成長がみられなかったので、醸造所は長続きしなかった」を読みとくと、「成長がみられないだけでは、倒産には至らない」ことが分かります。だとすれば、彼は意図的にビジネスから撤退したと考えざるを得ません。英語では、意図のある行為は、誰が行ったのかを文面に書き出さなければ不自然になりますから、「醸造所が倒産した」のか、「彼が醸造所に将来性を見いだせずに撤退した」のかを

304　● Step 5 英語的なパラグラフにする

明確にする必要が出てくるのです。

　話が少しそれましたが、このように、日本語を英語らしくするには、できるだけ出来事と出来事のプロセスに飛躍がないように書き、読み手の推論に頼らないようにしなければならないのです。

　では、先ほどのパラグラフを英語的に書き直したパラグラフを見てみましょう。

英語的なパラグラフ

【起】

主旨文：非正規雇用の増加は日本社会に悪影響を及ぼしている。

【承】

支持文：

❶ 20代と30代の男性の非正規雇用の増加率は、他の年代のグループに比べて倍となっている。

❷ 彼らのようなパートや短期契約社員は、正規社員に比べて雇用の維持に不安があり、賃金も低い傾向がある。

❸ 生活が不安定であることが、こういった男性たちの結婚率を同年代の正規社員の半分以下に押しとどめている一因となっているのは、ほぼ疑いがないだろう。

【結】

結論文：このまま若者が家庭を持たず、少子化が進めば、日本社会は衰退に向かうだろう。

　支持文❶と❷は、データから直接読み取れる内容です。❸の「生活が不安定」の部分は、「雇用の維持に不安＋賃金が低い」というデータから導ける、妥当な推論結果であり、読み手が頭の中で補足する必要性はさほどありません。❸は、「生活が不安定」であることと、「男性非正規社員の結婚率は、同年代の正規社員の半分以下である」というデータに

Section 1　「英語らしさ」の構造を知る　　305

因果関係があると述べています。これがデータから得た書き手の推論結果であることは、「……疑いがないだろう」と明示してあることから、容易に分かります。

　日本語に比べて、書き手がどのデータを用いてそのような結論に至ったのかという思考のプロセスが見えやすく、読み手が知識と推論で補う部分がはるかに少ないことに注意してください。図で確認してみましょう。❶から❸は、結論を得るのに用いたデータです。

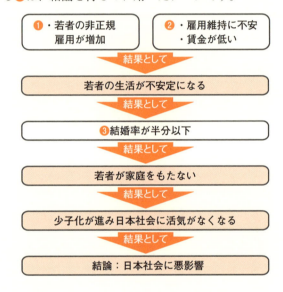

　このように英語的なパラグラフは、書き手の思考のプロセスに飛躍がないように、結論までの道筋を文面に示さなければならないのです。

例題

　下記は、本文で扱った、日本語的なパラグラフと英語的なパラグラフを英訳したものです。読み比べて、本文で説明されたように、英語が思考のプロセスを飛躍させていないことを確認しましょう。

思考のプロセスを飛躍させた、日本語的なパラグラフ

【起】

主旨文：The increase in non-regular employment is negatively impacting Japanese society.

【承】

支持文：

① This is because the increase leads to a declining birthrate.

② Many young men who cannot find regular employment are hesitant to marry and have children.

③ As their lives tend to be unstable, they are left with no choice but to remain unmarried.

【結】

結論文：If these young people remain unmarried, and the birthrate remains low as a result, Japanese society will decline.

思考のプロセスを明示した、英語的なパラグラフ

【起】

主旨文: The increase in non-regular employment is negatively impacting Japanese society.

【承】

支持文：

❶ The rate of increase in the number of men in their 20's and 30's engaged in non-regular employment is twice that of other demographic groups.

❷ Such part-time or temporarily-contracted employees tendto have greater uncertainty about being able to maintain employment, and are paid less, compared to full-time employees.

Section 1 「英語らしさ」の構造を知る 307

❸ This economic instability is almost certainly a contributing factor in depressing such men's marriage rate, which is less than half that of regular workers in the same age group.

【結】

結論文：If these young people remain unmarried, and the birthrate remains low, this will lead to the decline of Japanese society.

第5ステップ　まとめ

　これで、日本語的なパラグラフを英語的なパラグラフに書き換える学習は終了です。例題はかなり難しかったと思いますが、英語の単語や文の表現が多少間違っても構いません。目的は英語らしいパラグラフの構成を理解することですから、それがクリアできれば合格です。できるようになったことを確認して、☑を入れてみましょう。

□ 日本語と英語のパラグラフの書き方の違いが概観できた。

Noなら → Unit 1 へ戻る

□ 結論を最初に述べると英語らしいことが分かった。

Noなら → Unit 2 へ戻る

□ 支持文は、How so? を Why so? で書くと英語らしいことが分かった。

Noなら → Unit 3 へ戻る

□ 状態表現は、動作表現にすると英語らしくなることが分かった。

Noなら → Unit 4 へ戻る

□ 思考のプロセスを明示すると英語らしくなることが分かった。

Noなら → Unit 5 へ戻る

Section 1　「英語らしさ」の構造を知る

あとがき

　本書は、「英作文なんかこわくない」シリーズの4冊目です。シリーズでは、一貫して日本語と英語の違いを比較しながら、英作文を学ぶ方針を貫いてきました。これは、母語である日本語で表現したいことが明確でなければ、英語で書いたとしても、表現したいことを明確にできないという立場からです。

　日本語は、私たちが思考をするための言語です。私たちは、知らず知らずのうちに、日本語という言語の枠組みの中で思考をし、整理し、文章を組み立てようとします。しかし、英語という言語の枠組みは、日本語とはかなり異なります。単純に日本語を逐語訳しただけでは、英語として理解されやすいものにはなりません。たとえいきなり英語で作文練習をしたとしても、思考をする際に、母語の干渉を排除することは困難なのです。そのため、本書では、まず母語の表現のしかたがどのようになっているのかを、言語的な特徴を含めて理解ができるように腐心しました。そのうえで、「英語の思考になじむ文章形式」がどのようなものかを理解できるように構成することで、効率的な学習ができるように工夫しています。

　読者のみなさんは、本書を通じて、英文の書き方に留まらず、母語である日本語の書き方を再認識することになるでしょう。本書が、高度に情報化が進んだ現代に身を置く社会人はもちろんのこと、未来の社会人である、高校生や大学生にとっても、役に立つパラグラフライティングの書籍となることを心から願っています。

猪野真理枝

[参考文献]

寺澤芳雄編『英語学要語辞典』研究社、2002年12月

江川泰一郎『英文法解説』金子書房、1991年6月

大塚高信・中島文雄監修『新英語学辞典』研究社、1982年11月

野矢茂樹『新版 論理トレーニング』産業図書、2006年11月

石黒圭『文章は接続詞で決まる』光文社新書、2008年9月

著者紹介……………………………………………………………

猪野真理枝（いの　まりえ）

東京外国語大学大学院博士前期課程修了。言語学修士。2015 年から東京外国語大学オープンアカデミー講師。長年、英語教育を専門とし、e ラーニング教材開発ディレクターや企業教育向け英語講師も務めた経験をもつ。英語教材作成、翻訳業にも携わっている。

佐野　洋（さの　ひろし）

1960年生まれ。東京外国語大学総合国際学研究院教授。情報工学専攻。著書に『Windows PC による日本語研究法──Perl, CLTOOL によるテキストデータ処理』（共立出版）、主要論文に「日本語学習素材作成のための日本語処理ソフトウェア」、「言語教育・言語学習と知的情報処理研究──個人適合の語学教材開発とコーパスの利用について」などがある。

監修者紹介……………………………………………………………

馬場　彰（ばば　あきら）

1945 年生まれ。東京外国語大学名誉教授。英語学（生成統語論・歴史的統語論・辞書学）専攻。著書に『BBI 英和連語活用辞典』（共編著、丸善）、『リーダーズ・プラス』（編集委員、研究社）、『学習英文法を見直したい』（共著、研究社）、『世界の言語ガイドブック 1 ヨーロッパ・アメリカ地域』（共著、三省堂）、『POLESTAR Writing Course』（編集委員、数研出版）、『時事英語』（共編著、成美堂）、訳書に J. ライアンズ『チョムスキー』（共訳、岩波書店）、F. J. ニューマイヤー『抗争する言語学』（共訳、岩波書店）、同『現代アメリカ言語学史』（共訳、英潮社）などがある。

英作文なんかこわくないⅣ　パラグラフ編
日本語の発想でマスターする英文ライティング

2019 年 3 月 29 日　初版第 1 刷発行

著　者　猪野真理枝　佐野 洋
監修者　馬場 彰
発行者　立石博高
発行所　東京外国語大学出版会
〒 183-8534　東京都府中市朝日町 3-11-1
TEL. 042-330-5559　FAX. 042-330-5199
e-mail　tufspub@tufs.ac.jp

装丁者　小塚久美子
印刷・製本　モリモト印刷株式会社

© 2019 Marie INO, Hiroshi SANO, Akira BABA
Printed in Japan
ISBN978-4-904575-74-1

落丁・乱丁本はお取り替えいたします。
定価はカバーに表示してあります。